山东社会科学院 主办　·2016年创刊·

经济动态与评论

主编　张清津

REVIEW OF ECONOMIC TRENDS

第9辑

社会科学文献出版社
SOCIAL SCIENCES ACADEMIC PRESS (CHINA)

编委会

主　　任　张述存

副 主 任　王兴国　袁红英

委　　员　（按姓氏音序排序）

　　　　　　崔树义　郝立忠　李广杰　李善峰
　　　　　　李述森　秦庆武　王兴国　杨金卫
　　　　　　袁红英　张凤莲　张清津　张述存
　　　　　　张卫国　张　文　周德禄　庄维民

Editorial Committee

Director of the Editorial Committee
Zhang Shucun

Deputy Director of the Editorial Committee:
Wang Xingguo   Yuan Hongying

Editorial Committee Member
Cui Shuyi   Hao Lizhong   Li Guangjie   Li Shanfeng
Li Shusen   Qin Qingwu   Wang Xingguo   Yang Jinwei
Yuan Hongying   Zhang Fenglian   Zhang Qingjin   Zhang Shucun
Zhang Weiguo   Zhang Wen   Zhou Delu   Zhuang Weimin

编 辑 部

主　　任　张清津

编　　辑　顾春太　程臻宇　孙灵燕　樊祥成

Editorial Department

Director of Editorial Office

Zhang Qingjin

Editors

Gu Chuntai   Cheng Zhenyu   Sun Lingyan   Fan Xiangcheng

目 录
(第9辑)

经济动态

山东省农村土地承包经营权流转现状与影响因素
.... 李忠强 唐国华 张 珂 / 1
山东省高质量农产品发展调研报告
.... 国家统计局山东调查总队课题组 / 11

农村经济

异质性消费、生产者激励与农产品可追溯体系构建
.... 丁佳琦 齐菁华 王超伟 庄 晨 / 25
如何将高素质农民留在农村：基于推拉理论的分析
.... 孙学涛 / 44
农药使用道德风险的影响因素：基于菜农农药安全间隔期执行视角
.... 姜 健 王绪龙 / 66
禀赋效应与地权征收心理溢价：机制分析、数据检验与治理路径
.... 初 虹 李嘉凌 吴心湄 / 76

国际经济

电信服务贸易壁垒是否抑制了高新技术产品的出口？
.... 王维薇 陈 佳 / 94

中国对中南半岛经济走廊对外直接投资的影响因素研究
………………………………………………… 王琳华　杨永华 / 117
"一带一路"倡议实施以来山东对外贸易发展动态与前景展望
………………………………………………………… 李晓鹏 / 131

产业经济

中国发展海洋文化旅游业的国际经验借鉴 ………… 孙吉亭 / 143
山东省发展康养旅游业 RMFEP 分析与对策 ………… 董争辉 / 156

学术争鸣

京津冀地方环境政策有效性与协同性研究 …… 刘　叶　李素月 / 170
田间学校网络行动研究与展望
………………… 周士民　于晶利　张瀚艺　常　珊 / 187

英文摘要和关键词 ………………………………………… / 198

《经济动态与评论》征稿启事 …………………………… / 208

·经济动态·

山东省农村土地承包经营权流转现状与影响因素

李忠强　唐国华　张　珂*

摘　要	通过实地调研和抽样调查，本文对山东省农村土地承包经营权的流转情况及影响因素进行了分析，发现山东省在推进农村土地承包经营权流转方面积累了一些好经验、好做法，但农村土地承包经营权流转率仍然不高，与农业种植大省、农业产业化强省水平还不相匹配。山东省农村土地承包经营权流转水平受到农耕文化、服务力量不足、市场交易机制不健全、抵押融资能力不足、农村社会保障水平低等因素的限制。根据调研情况，本文提出了进一步推动山东省农村土地承包经营权流转的政策建议。
关键词	山东省　土地规模化经营　农村土地承包经营权流转

土地规模化经营是提高农业生产效益、实现农业现代化的必由之路。党的十九大提出实施乡村振兴战略，发展多种形式的适度规模经营。土地规模化经营，与农村土地承包经营权流转有密切关系。为充分了解山东省农村土地承包经营权流转情况，2019年山东省农业农村厅政策与改革处组成调研组在全省范围内开展了问卷调查，抽样样本覆盖

---

* 李忠强（1979~），山东省农业农村厅政策与改革处处长，主要研究领域为农业经济理论与政策。唐国华（1965~），山东省农业农村厅政策与改革处二级调研员，主要研究领域为农业经济理论与政策。张珂（1986~），山东省农业农村厅政策与改革处一级主任科员，主要研究领域为农村基本经营制度。

山东省16市，涉及46个县110个乡363个村，共收到农户调查问卷1815份；同时，调研组到寿光市、栖霞市、嘉祥县、平原县、惠民县等11个县（市）开展了实地调研，与市、县、乡三级干部，村党支部书记，新型农业经营主体和种植大户负责人代表开展深入座谈，并实地走访了部分新型农业经营主体和种植大户经营场所。从整体情况看，虽然山东省各级政府都高度重视农村土地承包经营权流转工作，也探索出一些行之有效的做法和典型模式，但农村土地承包经营权流转率依然偏低，还面临不少困难和制约因素，亟待出台相应的配套政策和措施。

一 山东省农村土地承包经营权流转的基本情况

当前，山东省农村土地承包经营权流转市场一方面呈现农民流转意愿日益强烈、土地流转面积日趋扩大、流转模式多样、流转机制基本建立的良好局面，土地的生产要素功能和财产功能得到较好发挥，另一方面也存在农民顾虑多、流转程序不规范、产权市场作用发挥不够、流转土地抵押融资难、流转率仍低于全国平均水平等困难和问题。

（一）农民流转意愿强烈，但顾虑依然较多

问卷调查结果显示，山东省农村45岁以下劳动力仅占12.2%，农村劳动力老龄化日趋严重。如果机会和价格合适，92.5%的农户"会将土地流转出去"，但问卷结果显示农民对待土地流转的积极态度与实际土地流转率反差巨大。截至2018年底，山东省共有637.6万户农户将土地流转出去，占家庭承包农户的33.9%。这种反差从问卷调查关于农民对土地流转的担忧和认识的统计结果中也能得到部分解释：有12.9%的农户担心流转后出现地力损耗或土壤污染不利于自己后续耕种，28.4%的农户担心土地流转出去之后收不回来，37.4%的农户认为耕种防收等生产环节都可以通过购买服务完成，不影响自己外出打工。

（二）流转面积逐年增加，但流转率仍低于全国平均水平

山东省土地流转面积由2012年的1153.8万亩增加到2018年的3466.1万亩（见图1）；2018年土地流转率达到37.36%，比2012年提高24.8个百分点，与全国的差距呈逐年缩小趋势，但仍低于全国平均

水平1.27个百分点，与邻近省份相比，低于江苏（60.18%）22.82个百分点，低于安徽（47.38%）10.02个百分点，低于河南（38.75%）1.39个百分点，高于河北（36.03%）1.33个百分点（见图2）。2018年，山东省农业生产性服务覆盖面积达到1.09亿亩，折2891万亩①，占承包土地面积的31.16%，扣除与流转重合面积，土地经营规模化率达到51.22%。

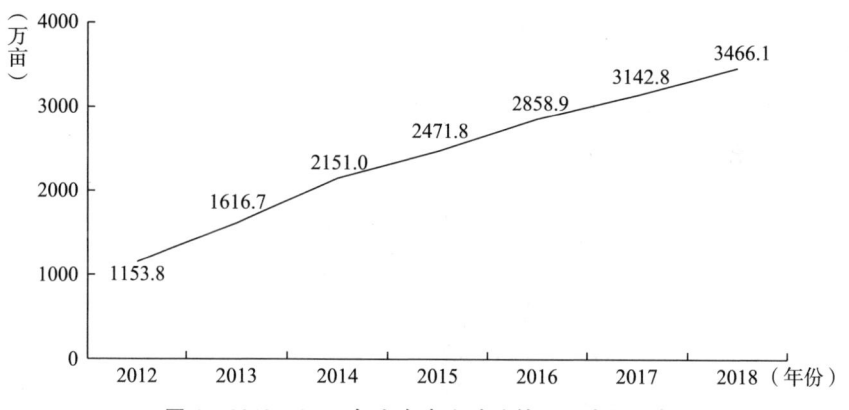

图1 2012~2018年山东省土地流转面积变化趋势

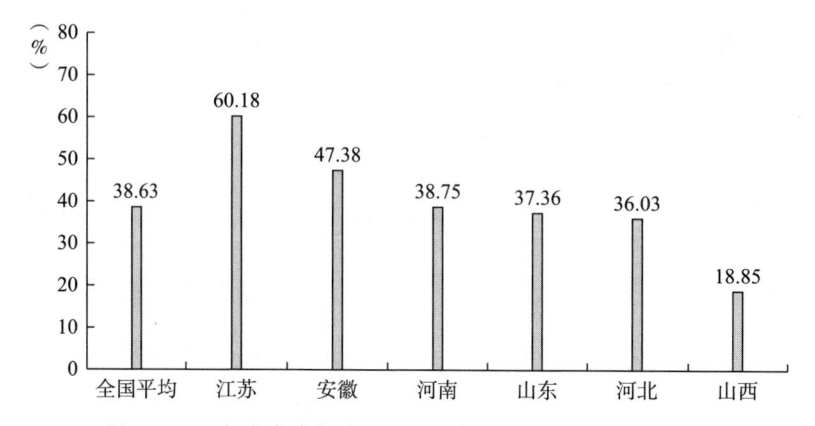

图2 2018年山东省与全国及周边部分省份土地流转率对比

资料来源：各省份流转率根据网络搜集数据整理。

---

① 2018年以前，农业部农经部门统计按照耕、种、防、收四个环节系数0.36∶0.27∶0.1∶0.27折算农业生产性服务覆盖面积，2018年以后已经不再使用这个公式。为了便于对比，本文采用了这个计算方式。

（三）流转土地虽主要用于种植业，但"非粮化""非农化"不容忽视

据农经部门统计，截至2018年底，山东省流转土地用于种植粮食作物的面积1485.3万亩，占流转总面积的42.9%，低于粮食播种面积占耕地面积的比重12.6个百分点。根据问卷调查的结果，712份回答流转土地用途的问卷中，种植粮食作物的占39.2%，种植经济作物（包括蔬菜、花卉、苗木等）的占48.2%，从事养殖业的占1.1%，从事非农及其他用途的占11.5%（见图3）。虽然流转的土地主要还是从事种植业，但"非粮化""非农化"倾向明显。

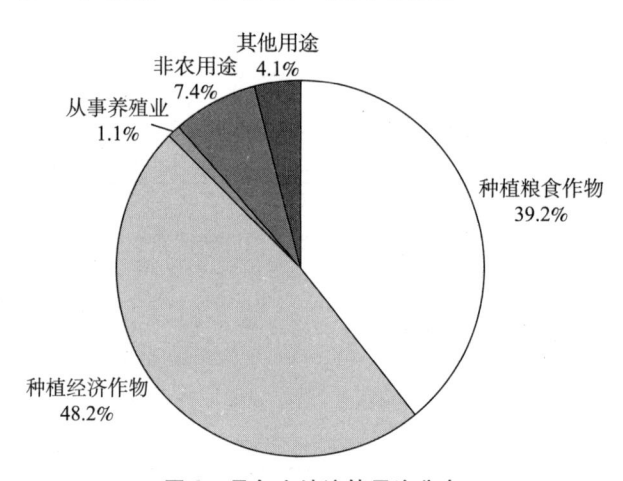

图3 承包土地流转用途分布

（四）合同签订率逐年提高，但流转不规范问题仍然较多

据农经部门统计，截至2018年底，山东省共有2404.9万亩流转土地签订了流转合同，占流转总面积的70.0%。虽然签订流转合同的比例有所提高，但私下协商或口头约定土地流转的比例还比较大，流转合同不规范、未到有关部门备案及鉴证等问题普遍存在。有的合同未采用推荐的统一格式文本、不按条款约定规范填写；有的合同中未约定合同变更、解除的基本条件，以及对合同期内出现纠纷的处理方法；有的合同期限超过二轮土地承包年限，一旦出现流转纠纷，流转双方的权益难以得到有效保障。

（五）流转形式丰富多样，但入股经营比率偏低

按照流转形式划分，截至2018年底，山东省流转土地中，出租（转包）的2973.9万亩，占85.8%；转让的47.5万亩，占1.4%；互换的226.1万亩，占6.5%；股份合作的130万亩，占3.8%；其他形式的88.6万亩，占2.6%。虽然农民成立土地股份合作社参与经营的越来越多，但采取出租（转包）方式依然是大多数农民的首选。多数农民认为直接收租金"更直接、更放心"，不愿意冒风险"入股分红，风险共担"。据问卷调查，农民将土地流转给合作社、家庭农场、种粮大户等经营主体的占75.9%，有74.3%的农民选择领取固定租金而不是入股分红。

（六）流转市场体系初步建立，但利用效率偏低

截至2018年底，山东省共有130个县（市、区）设立农村综合产权交易中心，几乎覆盖所有涉农县（市、区），但土地流转服务功能还没有得到充分发挥。据问卷调查，农村土地承包经营权流转通过亲友间自己联系的占31.0%，通过村集体或政府组织的占58.1%，通过产权交易市场等中介组织的占5.1%（见图4）。经全国人大授权，2015年以来，山东省有10个县（市、区）开展了农村土地承包经营权抵押贷款试点，累计发放贷款120亿元，但贷款额度小、经营权价值评估低、中长期贷款比例不高、抵押物难以处置、银行放贷时间与农业生产周期不协同等问题仍没有得到较好解决。

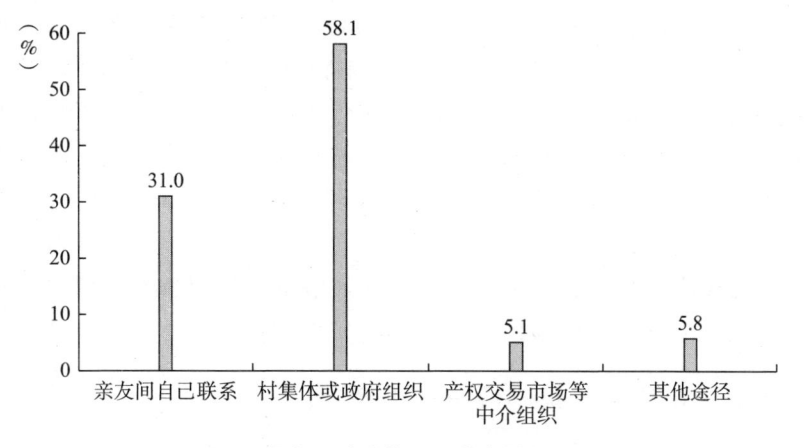

图4 承包土地流转不同中介服务占比

二 影响山东省农村土地承包经营权流转的因素分析

随着中国农业生产力的发展和城镇化进程的加快,传统单家独户的分散土地经营模式已经不能适应现代农业发展,土地的细碎化问题严重影响和制约了农业机械化、集约化、规模化水平的提高。山东省土地流转进展相对缓慢,主要有以下几个方面的原因。

(一)农耕文化影响较深

山东省农耕历史悠久,长期以来农民形成并保持了精耕细作的传统。受儒家文化影响,山东省农民安土重迁思想严重,多数农民选择"忙时回家耕种、闲时外出打工"的方式。据统计资料,山东省常年外出务工的农村劳动力中,省内就业的占81.3%,其中乡外县内务工的占41.4%。有不少农民有流转土地意愿,却认为流转价值低、办理手续比较麻烦,宁愿让亲友免费耕种,也不愿意流转给他人。此外,山东省经济作物种植比重高。2018年,山东省蔬菜、水果等主要经济作物种植面积3978.3万亩,占耕地面积的43%。以烟台市为例,2018年,该市苹果、大樱桃种植面积超过300万亩,占全市耕地面积的45%左右,而该市土地流转率仅为13.35%。

(二)土地流转服务力量不足

受土地流转价值低、周期长、周转率不高等因素影响,山东省大多数地区的土地流转还是靠基层政府提供服务,社会中介组织参与土地流转的积极性不高。国家政策规定土地流转(转让)需经发包方同意,流转合同需要向发包方、农村土地承包管理部门备案,但由于缺乏配套的强制性执行措施,行政机关对土地流转行为的约束力不足。山东省在2009年就发布了《山东省农村土地承包经营权流转合同示范文本》,但由于缺乏强制性,一些群众自由选择合同文本,容易出现不规范、防范能力差等风险。另外,对工商资本进入农业的资格审查、市场准入机制尚未建立,部分流转土地出现经营不善甚至"跑路""撂荒"现象。

(三)市场交易机制没有真正建立

当前农村产权交易市场处于发展初期,主要依托各级农村经营管理部门运行。受机构编制和人员配备等因素影响，农村经营管理部门主要提供信息发布、合同签订、合同鉴证等被动服务，还不能像城市房产中介一样，主动收集、汇总、匹配、流转供需信息。比如，转入方不能在交易市场上获得每一块地的土壤肥力、种植条件等信息，仅能通过区域农地平均质量来判断，流转风险偏高。在政府层面，还没有形成对流转农户、规模经营主体、流转服务组织的补助或奖励等激励机制，也制约了更大区域范围和更高层次的土地流转。

（四）抵押融资能力不足

目前，农村土地承包经营权抵押融资仍停留在试点阶段，全面推开还面临诸多困难。一是由于缺乏专业的价值评估人员和机构，农村土地承包经营权抵押融资存在评估能力不足、评估标准不一、估值不合理等问题。二是抵押贷款期限多为1年，中长期抵押贷款偏少，且银行放贷时间与农业生产周期不协同问题突出。三是土地经营权抵押物处置目前还主要依靠政府行政力量的推动和地方财力的投入，地方政府积极性有限。此外，风险防控机制不健全、商业银行开发涉农贷款产品不足、贷款成本高等问题也制约着农村土地承包经营权抵押融资规模的扩大，影响着经营主体再流转土地的能力。

（五）农村社会保障水平低

随着农民非农收入占比的不断增加，土地对农民的经济、就业和保障功能日趋弱化，但现阶段中国农村社保水平与城镇还有较大差距，不少农民仍然把土地看作在城市失去工作之后的生计所在，看作他们的"保命田""退路田"，宁愿粗放管理、赔本经营，也不愿流转出去。根据问卷调查的结果，40.3%的农民认为"土地是最后的保障，自己种地，心里踏实"。另外，有些农民对国家政策有顾虑，认为不同阶段国家执行的土地政策有所变化，担心流转之后丧失承包经营权；还有些农民认为长期流转是否每年都能收到租金还是个"未知数"。

三 促进农村土地承包经营权流转的意见建议

加快农村土地承包经营权流转，发展适度规模经营，有利于优化土地资源配置和提高土地产出率，有利于保障粮食安全和主要农产品有效供给，有利于促进农业科技推广应用和农业增效、农民增收。为切实保护农民合法权益，进一步推进山东省农村土地承包经营权流转，调研组提出如下建议。

（一）强化宣传引导，提高农民群众的主动性

各级农业农村部门、基层党委和政府特别是村级组织要充分发挥自身作用，广泛宣传党和国家的土地政策和法律法规，让农民群众清晰知晓自身的土地权利；要广泛宣传土地流转的意义及土地流转政策，消除农民思想顾虑，提高农民土地流转意识；要总结典型经验，用群众"身边"成功的土地规模化经营案例引导激励农民，让农民亲眼看到土地流转的巨大效益，给农民算明白土地流转的经济账和效益账，描绘好美好的蓝图和愿景，变"要我流转"为"我要流转"，变被动参与为主动要求，努力营造加快土地流转的良好氛围。

（二）强化服务提升，提高流转的方便程度

基层党委和政府要切实明确农户土地承包经营权，下大力气搞好确权登记颁证扫尾工作，针对每一个未确权村情况，分类研究、一村一策，实施销号管理，妥善解决各类遗留问题，实现应确尽确。各地要综合考虑地面作物预期收入、成本、附着物价值等情况，探索明确农地评估的程序和方法，增强评估的专业性和权威性，提高流转双方和金融机构的认可程度，以县域为单位分类制定土地流转指导价格，确保流转双方利益。各级农业农村部门要做好流转合同管理和服务，修订推广《山东省农村土地承包经营权流转合同示范文本》，提高合同签订率，做好合同变更、解除、鉴证等工作，规范流转行为。

（三）强化主体培育，提升流转的内生动力

一是注重培育采取家庭经营方式的新型农业经营主体。这些从传统农户中脱颖而出的新型主体，对土地和农业有着深厚的感情，专心于农业生产经营，有从事农业、扎根农村的情怀，还具有发展现代农业的条件，是土地流转的优先主体。二是引导多种经营主体错位发展。鼓励家庭农场在初级农产品生产、合作社在农资供应和农产品销售、龙头企业

在农产品精深加工等方面发挥优势、错位发展，提高土地流转的受让能力和经营水平。三是推广党支部领办土地股份合作社模式。充分发挥村党支部等农村基层组织的政治引领作用，发展多种形式的租赁经营和合作经营，增加农民和集体收入。

（四）强化社会保障，努力消除农民思想顾虑

一是健全社会保险制度。在统筹城乡居民基本养老、医疗保险制度基础上，进一步提高政府补助标准，逐步扩大社会保险覆盖面，逐步使进城农民与城市居民享有同等的养老、医疗、工伤和失业保险，弱化土地在农民心中的保障功能。二是健全劳动力转移就业服务体系。拓展农村劳动力向第二、第三产业转移的空间，完善相关配套服务机制，使进城农民能够普遍就业，提高收入，安心在城镇生活。三是持续推动进城农民享受均等的基本公共服务。推动进城农民在住房保障、最低生活保障等方面与城镇居民享受同等的待遇，保障进城农民子女平等受教育的权利。

（五）强化交易市场建设，发挥好服务融资支撑作用

一是搭建交易服务网络。以县级为中心，以乡镇为重点，完善县、镇、村三级交易服务网络，搭建城乡要素平等交换的农村综合产权流转交易平台，对流转土地面积达到一定数额（比如50亩）以上的强制进场交易，防止损害集体和农民群众的利益，提高土地承包经营权流转和溢价效率。二是拓展服务内容。研究制定农村各类产权流转交易规则，拓展信息发布、合同签订、交易鉴证、资产评估、抵押登记、融资服务、纠纷调处等服务内容，采取多种形式促进土地承包经营权权能更好地实现。三是积极推动土地承包经营权抵押融资。加强对涉农产权融资的研究，建立农地价值评估体系，健全抵押资产风险保障机制，完善新型农业经营主体信用评价体系。

（六）强化财政支持，发挥政策引导作用

鼓励县级利用整合资金，发挥财政资金的引导作用，撬动新型农业经营主体、社会资本等加大对农业农村的投资。一是对流转土地达到一定规模的进行补贴。特别是加大对流转土地种植粮食的补贴力度，既保

证农民的合理收益，又减小流入方的经营风险。二是对流入方一定类别的投入品进行补贴，提高流入方开展标准化生产、发展现代农业的能力。三是农业财政资金项目优先布局于规模流转的土地。优先在成方连片流转的土地上安排农村土地整理、高标准农田建设、水肥一体化、特色农业产业示范基地等支农项目。

（七）强化规范管理，防范化解流转风险

一是加强对工商企业租赁农地的监管。建立健全资格审查、项目审核、风险保证金制度，探索建立分级备案、年度报告制度，加强对租赁农地企业的经营能力、土地用途和风险防范能力等进行监督检查。二是加强土地用途管制，警惕"非粮化"，防止"非农化"。严禁在粮食生产功能区发展大规模非粮生产，确保国家粮食安全。严禁占用基本农田挖塘栽树以及其他毁坏种植条件的行为，严禁破坏、污染、圈占闲置耕地和损毁农田基础设施，坚决遏制撂荒耕地行为，坚决查处通过"以租代征"进行非农建设的行为。

（责任编辑：樊祥成）

山东省高质量农产品发展调研报告

国家统计局山东调查总队课题组*

摘　要　质量兴农是发展现代农业的必由之路。本文分析了山东省发展高质量农产品的意义，总结了山东省发展高质量农产品实践中的四种主要模式：龙头企业带动型、政府主导型、合作经营型、个体引领型；认为在发展高质量农产品的道路上，有龙头企业的带动和政府的积极作为，小产业也能实现大发展。在对山东省发展高质量农产品进行SWOT分析的基础上，本文提出应从服务、融资、品牌、产业融合等方面推进山东省高质量农产品的发展。

关键词　高质量农产品　SWOT分析　质量兴农

质量兴农是发展现代农业的必由之路。经过30多年的农村经济体制改革，农业农村经济进入了新的发展阶段，农产品供给已经由相对短缺转变成相对过剩，农产品的竞争也从单纯的价格竞争转向品质品牌的竞争。当前，山东省农业农村正处于转变发展方式、优化产业结构、转换增长动能的攻坚期，坚持发展高质量农产品对于深化农业供给侧结构性改革，推进质量兴农，打造"乡村振兴齐鲁样板"具有十分重要的意义。

一　山东省发展高质量农产品的意义

目前，关于高质量农产品尚没有明确的定义和评价指标。综合一般

---

* 课题组组长：杜敏杰。课题组成员：马明霞、张宁、程士彬、王美露、孙伟。

认知，高质量农产品是指绿色安全、品质及生产效益良好的高标准认证农产品。它具有绿色安全、特色稀缺、品牌美誉、效益良好、富含科技、价值外溢等特点。

（一）发展高质量农产品是建设农业强省的重要基础

在经济进入高质量发展阶段的背景下，坚持发展高质量农产品有利于加快实施"质量兴农"战略，加快建立农业生产标准体系和质量监管体系，提升农业生产竞争力，以点带面、多点开花，夯实农业高质量发展基础，推进山东由农业大省向农业强省迈进。

（二）发展高质量农产品是满足人民对美好生活向往的迫切需要

近年来，农产品消费趋优现象明显，对优质农产品的消费逐渐从少数群体转向社会大众，越来越多的人开始注重农产品的绿色、安全、品质和营养价值。发展高质量农产品有利于提高全省食品安全基线，满足城乡居民多层次、个性化消费需求，为山东省农业发展提供健康动力。

（三）发展高质量农产品是增加农民收入的有效途径

2018年，习近平总书记在山东省考察时指出，农业农村工作，说一千、道一万，增加农民收入是关键。高质量农产品的市场定位能够提升全省农业种养水平，将资源禀赋优势有效转化为产业优势，拓展农业增值空间，培育农民持续增收新的增长点。

（四）发展高质量农产品是推动农业供给侧结构性改革的必然选择

发展高质量农产品既是农业供给侧结构性改革的途径也是目的，有利于推动山东省农业生产导向从增产转向提质，从根本上解决农产品供给的结构性问题；有利于发挥山东省农业比较优势，构建优势区域布局和专业化生产格局，打造农业优化发展区和农业现代化先行区，有效提高山东省农业生产力水平和农产品供给质量。

（五）发展高质量农产品是实施乡村振兴战略的重要内容

乡村振兴是新时代"三农"工作的总抓手，要求农业农村经济实现高质量发展,满足人们日益增长的美好生活需要。而高质量的商品是美好生活的应有之义,因此,发展高质量农产品贯穿乡村振兴始终,两者紧密相连、密切相关。发展高质量农产品,有利于推动山东省农业走绿色生态道路,围绕高质量农产品的"多点突破"推动形成人才、服务、科技、物流等方面的"集聚效应",加快构建现代农业产业体系、生产体系、经营体系,夯实一、二、三产融合基础,不断为乡村振兴拓宽新空间、增添新动能。

二 山东省高质量农产品发展的主要模式

山东省各地虽然经济发展水平不同,农业资源禀赋和自然条件差异较大,但是均在充分利用自身优势的基础上,大力发展各具特色的高质量农产品,创造出很多成功案例。山东调查总队对全省16个市有一定发展规模的高质量农产品开展了典型调查,总结出以下四种高质量农产品发展的主要模式。

(一)龙头企业带动型

威海文登是全国西洋参主产地之一,素有"西洋参之乡"的美誉。2015年,文登西洋参取得国家地理标志保护产品专用标志使用权,以40.64亿元区域品牌价值排在2015年中国品牌价值评价信息榜单的区域品牌工艺品、中药材及其他类地理标志产品中排名第3位。山东颐阳生物科技股份有限公司是一家市级西洋参加工龙头企业,集生产、加工、销售、研发于一体,通过标准化、规模化生产和品牌化运作,成功打造出绿色、有机的高端中药产品,并在国内具有较高知名度。其主要做法如下。

1. 企业带动生产规模化、标准化

该公司成立了威海市文登区颐阳西洋参专业技术合作社(参加农户约300户),为参农提供标准化生产技术指导、农药残留与重金属检测服务,以及集中采购农资、收购鲜参等多方面支持,带动和影响西洋参种植面积达1.5万亩。2016年,该公司成为山东省商务厅"中药材流通追溯体系建设"试点单位,运用现代信息技术和物联网技术,建设覆盖种植、加工、运输、仓储、流通和消费等环节的追溯体系,提升西洋参标准化生产水平。

2. 产业融合发展

该公司大力发展西洋参深加工产业，延长西洋参产业链，推进产业融合发展。该公司将西洋参鲜参加工成干参，将价格由70元/斤提升至560元/斤，实现了产品的进一步增值。该公司所加工的西洋参切片茶和西洋参破壁粉等产品也取得较高的市场收益。

3. 科研开发内生动力充足

2011年，该公司成立了山东省西洋参工程技术研究中心，着力在西洋参种植和深加工方面开展研发工作。近年来，山东省西洋参工程技术研究中心承担国家星火计划项目2项、省级项目4项、市级项目7项，申请发明专利10项，其中2项已授权。

（二）政府主导型

青岛市西海岸新区宝山镇是传统的农业大镇。为了提高农民收入，推进农业生产转型升级，宝山镇政府于2001年引进了蓝莓种植项目。近年来，宝山镇蓝莓产业逐步发展壮大。当地蓝莓具有颗粒大、口感好、花青素含量高等特点，2018年"宝山蓝莓"喜获国家地理标志证明商标。宝山镇通过冬暖棚等先进技术手段，将蓝莓的上市时间提前了半个月左右，亩收入最高能达到12万元。目前，宝山镇已发展蓝莓种植面积接近2.5万亩，借助电商等多种途径远销海内外，形成了"政府主导+龙头企业+专业合作社+种植大户"的发展模式。其主要做法如下。

1. 明确发展方向

宝山镇现有土地面积8万亩，历史上以小麦、玉米、花生等传统农作物种植为主，农民整体收入偏低，一直是当地的经济落后乡镇。2001年，宝山镇政府结合自身土地资源优势和生态条件，引进了日本独资企业青岛杰诚食品有限公司，在当地金沟村投资开发有机蓝莓栽培项目，种植蓝莓600亩。2005年前后，刚上市的蓝莓1千克可以卖到500元，给当地居民指明了致富新出路。

2. 加大对口政策扶持

2010年，宝山镇党委、镇政府确定了打造"花果宝山"的战略目标，大力发展以蓝莓为主的现代特色农业种植。镇政府针对成方连片50亩以上的蓝莓种植大户，出台了专项扶持政策，每亩新栽蓝莓可以获得1000元的政府奖励，一个蓝莓大棚可以获得5000元的补贴。受利好政策影响，2011年全镇蓝莓面积猛增到9000亩，之后更以每年2000亩左右的速度激增。目前，宝山镇已有蓝玫瑰、宝林、宝康、欧勃亚等十几家专业公司入驻，专业蓝莓种植合作社达到20余家。

3. 制定标准规范

自2013年起，宝山镇政府先后探索完成了《蓝莓整形修剪技术》《蓝莓主要害虫综合防治技术规程》《蓝莓采摘技术规范》等7项全国示范标准。2016年6月，"宝山镇国家级蓝莓栽培综合标准化示范区"正式通过第八批国家农业标准化示范项目验收。通过制定国家规范和创建标准化示范区，宝山镇进一步打响了"宝山蓝莓"品牌，在全国范围内掌握了技术和市场的双重话语权，为蓝莓产业的稳步发展打下了坚实的基础。

4. 大力发展电子商务

为顺应"互联网+农业"的发展趋势，宝山镇在风河源社区创建了电子商务创业园，包括占地面积近3000平方米的创业园区，以及近300平方米的配套园区——农村电商公共服务中心。电子商务创业园共开设物流中心、企业入驻区、集中办公区、电商运营中心等13个功能模块区，并配套电脑、投影仪、摄影器材等基础硬件设备，为推销以蓝莓为主的特色农产品、促进青年农民创业就业、提升农产品附加值、提高种植户收入，搭建起最好的电子商务平台。

（三）合作经营型

滕州农业生产条件优越，种植土豆历史悠久，最早可追溯到19世纪末，被称为"中国土豆之乡"。滕州土豆"外形美观、皮薄光滑、黄皮黄肉、爽脆可口、营养丰富、优质安全"。2015年，农业部提出中国将力推土豆主粮化战略，滕州抓住机遇、顺势而为，全面打响"中国土豆之乡"品牌。滕州土豆每年分别在4月底、5月初和10月底、11月初上市，这几个时期正值全国各大市场土豆短缺时节，能够填补新鲜土豆空档，竞争优势明显，刚入市价格可高达7.0元/千克，较正常价格高4.0元/千克。滕州市主要做法如下。

1. 合作发展

2009年3月，滕州市成立其祥马铃薯专业合作社，流转土地560

亩，共有成员108户，聘用培养农技人员8名，拥有合同制员工20人。合作社联合周边3个村的土豆种植户，统一耕地、播种、收获，统一经营管理，打破了小农户单一生产模式。目前，合作社拥有大中小型机械34台、灌溉水井4眼、水泵6套、钢结构温室大棚200个。合作社利用自有机械生产，极大地降低了土豆种植过程中机械使用的成本。2018年，合作社的春土豆产量约3500千克/亩，比小农户增产500千克/亩；秋土豆产量约2300千克/亩，比小农户增产200千克/亩。合作社每年商品土豆总产值约300万元，实现了土豆规模化、专业化经营。

2. 绿色发展

其祥马铃薯专业合作社严格按照绿色无公害的生产标准，减少化肥、农药使用量。近年来，合作社每亩土豆施肥100千克，较其他土豆种植农户减少80千克；每季喷洒农药2次，较其他土豆种植户减少2~3次；每年改良土壤投入5万元，提高了土壤质量，减少了有害物质残留。合作社注册了"郭祥牌"马铃薯，完成了绿色食品、无公害农产品认证。

3. 标准发展

其祥马铃薯专业合作社运用全套机械化操作和现代化农业管理技术，生产出形状统一、大小均匀、口感优良、产量较高的土豆，实现了土豆生产标准化；建立了产品质量追溯机制，在国内外市场打响了品牌，实现了土豆品质标准化；形成了成体系的销售方式和快速的流通方式，将生产的土豆出口俄罗斯、新加坡、越南，内销北京、上海等城市的大型集贸市场，实现了土豆销售标准化。

（四）个体引领型

潍坊寒亭固堤街道自1980年开始种植西瓜，至2020年已有40年的种植历史。大棚西瓜创始人郭洪泽于1993年注册的"郭牌西瓜"先后荣获中国（寿光）国际蔬菜科技博览会金奖、第16届绿色食品博览会金奖等奖项。"郭牌西瓜"以科学技术为先导，以知识产权保护为保障，以固堤瓜农福祉为目标，建立起标准化、系统化、信息化、品牌化的农产品生产销售模式，提高了综合效益，为实现多方价值做出贡献。"郭牌西瓜"不但实现了品牌的跨越式发展，而且直接带动提高了周边瓜农的经济收入。主要做法如下。

1. "领头人"带动群众增收致富

"郭牌西瓜"是国内最早的水果品牌之一,初期以家庭经营为主,产业化水平不高。2012年,郭牌农业公司成立。2013年,潍坊郭牌西瓜专业合作社成立。2016年,郭牌农业公司牵头成立了潍坊市寒亭区西瓜协会并将"寒亭西瓜"成功注册为国家地理标志证明商标。"郭牌西瓜"主要采用以公司为中心,科研机构、公司、农户、营销中心联合,重技术营销、轻资产的运作模式。

2. "六维联结"保农民收益

郭牌农业公司始终把"先让农民获得收益"放在第一位,开发并应用了"六维联结"机制,即一维(村集体入股龙头企业模式)、二维(农民土地量化入股企业模式)、三维(企业带动家庭经营订单农业模式)、四维(农民到企业或规模农户就业领取工资模式)、五维(农民房屋量化参与园区旅游项目模式)、六维(协会引领新旧动能转换模式),最大限度地保障了农民的利益,保证了标准化的生产管理。

3. 科技引领,打造智慧农业样板

在国家西甜瓜产业技术体系的支持下,郭牌农业公司成立了郭牌农业西甜瓜研究院,与英国诺丁汉大学生物科学研究院、日本泷井种苗株式会社等在种子培育等方面深入合作,与国家农业信息化工程技术研究中心建立合作关系,在西瓜种植方面取得12项国家专利。2018年,郭牌农业公司投资4500万元实施智慧农业"郭牌西瓜"项目,打造智能操控和检测系统,在育苗、灌溉、施肥、培育等环节真正实现了一体化种植、可视化管理、智能化管控。对比传统模式,郭牌农业模式劳动强度下降60%,带动单季亩产提升1倍。

三 山东省高质量农产品发展实践的启示

(一)小产业可以实现大发展

郭牌西瓜是以郭牌西瓜专业合作社为组织载体发展起来的,合作社在资金扶持、品种培育、技术指导和品牌推广等方面发挥了重要作用。小产业要实现大发展,主要依靠带动小产业发展的组织载体,这个载体可以是农业合作社,也可以是企业,通过各种形式的联合与合作,把农户与市场、政府与农民联系起来,实现高质量农产品生产和销售的规模

化、产业化。农民加入合作社不仅可以获得先进的科学技术，提高产品品质，还可以通过合作社获取更精准、更及时的市场信息，降低产品成本，有效抵御市场风险，提高市场谈判地位。

（二）龙头企业带动是农业发展的有效途径

威海文登区把小规模参农组织起来，由龙头企业山东颐阳生物科技股份有限公司制定规范的耕种技术方法，负责产品营销和品牌运作，农户则严格按照标准进行生产，确保农产品质量。政府借助扶持大型龙头企业，把企业、农户、生产基地紧密联系在一起。这种方式可以确保农户生产出的农产品符合统一的质量标准，形成统一的品牌形象以面对市场和消费者，提高产品竞争力，把农户的经营风险降到最低。同时，这样有利于提高农民在市场上的议价能力，提高农产品销售收益，推动高质量农产品品牌的培育与壮大。

（三）政府职能发挥是关键

高质量农产品的发展与当地政府的大力支持是密不可分的。政府职能贯穿于高质量农产品发展全过程，充当高质量农产品品牌建设倡导者、监督者、管理者以及所需公共服务的提供者。青岛市西海岸新区宝山镇，在短短的19年时间里，发展成远近闻名的"蓝莓之乡、瓜果小镇"，从土地贫瘠、种植粮食作物为主的落后乡镇一跃成为当地经济强镇，得益于政府充分利用土地资源禀赋，找准发展方向，制定一系列对口扶持政策持续发力。德州乐陵市政府通过制定农业产业政策和农业产业规划来实现区域内生产要素的合理配置，建立乐陵小枣示范化生产基地，整合企业和农户，以"党支部+合作社+公司+农户"的联创模式推进规模经营、订单收购和产业融合发展，促进乐陵小枣和其他农产品产业结构的优化，避免恶性竞争。

四 山东省发展高质量农产品的SWOT分析

（一）优势分析

1. 丰富的农产品资源

山东省拥有丰富的农业资源，是全国重要的粮食、油料、水果、蔬菜、水产等高效农产品生产基地，且产量和质量均在全国名列前茅，有着发展高质量农产品和特色农业的特殊优势。近年来，山东省高质量农产品发展迅速，市场竞争力持续增强，已建成一大批有较高知名度和较大市场影响力的高质量农产品区域品牌和产品品牌。全省高质量农产品区域品牌达300多个，有20个进入"2015中国农产品区域公用品牌价值排行"百强，上榜数量居全国首位。其中，烟台苹果列第2位，品牌价值达到105.86亿元，威海刺参、东阿阿胶、金乡大蒜、苍山大蒜等品牌价值均超过40亿元。

2. 农产品市场网络初步形成

山东省已初步形成以省级批发市场为龙头、小型集贸市场为基础、大型出口为依托的多种经济形式和运作方式并存的农产品市场网络。截至2017年，山东省已建设年交易量过亿元的农产品批发市场119个，年总交易额2577亿元。农产品批发市场发挥了农村流通主渠道作用。市场带产业、市场连基地的格局已经初步形成，为山东半岛农产品物流的发展提供了有利条件。

3. 具有区位优势

山东省地理位置优越，适宜的气候为农产品生产提供了优越的条件，且地处京津冀和长三角两大都市圈的交接地带，以交通、通信为重点的基础设施较为完善，高质量农产品的市场巨大。截至2018年底，山东省已经有9个地级市拥有机场；公路通车总里程达27.56万公里，居全国第2位；铁路营运里程6222公里，居全国第5位；沿海港口吞吐量达到16.1亿吨，居全国第2位。山东省正全力打造高品质交通基础设施网和高效率运输服务网，为发展高质量农产品提供更加有利的基础条件。

（二）劣势分析

1. 产业融合层次不高

产业融合发展既可以拉长产业链增加产品附加值，还可以利用深加工降低产品滞销带来的风险。从调查的情况来看，山东省向产品深加工、乡村旅游等第二、第三产业延伸的调查样本或农户并不多，产业融合层次不高。比如滕州土豆主要用于鲜食，深加工少，且仅生产粗淀粉、粉条、粉皮等低端产品，生产变性淀粉、精淀粉、薯条膨化食品等高端产品的企业少且不成规模。产业融合发展需要资金、技术、土地、市场等多种要素，发展的难度较大。调研的3家日照绿茶生产单位有与民宿、康养等结合发展的想法，但因为资金需求太大、回收周期长、见效慢，土地审批也存在困难而没有实施。

2. 销售渠道建设滞后

从调查的情况看，农产品销售渠道的建设落后于产品质量的建设，导致了产品销路受限制，高质量农产品质优难销、优质不优价。经营单位或农户通过订单、农超对接等方式销售产品的比重比较低，通过农贸市场和商贩收购的方式销售产品的比重仍然较大。在调查的87家经营单位（或农户）中，有43家50%以上的产品主要靠农贸市场或商贩收购进行销售。虽然近年来农村电商发展较快，但调查的87家经营单位（或农户）利用电商销售产品的比重均未超过其产量的50%，通过自建网络销售的产品占其产量的比重在50%以上的只有14家。滕州马铃薯种植户刘某反映靠收购商上门收购或到收购点销售，称重时土豆要扣除6%损耗，还要扣除纸箱重量，每销售100斤土豆要被扣除6.75斤，一亩地少收入729元。

3. 从业人员专业度不高，劳动力结构性短缺

高质量农产品从业人员专业度不高，造成了产品同质化、生产技术和过程固化、销售方式落后等问题，制约了农产品高质量发展。同时，用工高峰期短期性劳动力供给严重不足。调研发现，宝山镇近2.5万亩的蓝莓日常田间管理只需千人左右，但到蓝莓采摘期需要多达5000人，用工数量急剧增长，而本地劳动力严重不足。平邑县金银花采摘期间用工数量多、成本高，每年全县有近20%的金银花因采摘不及时而失去利用价值。

（三）机会分析

1. 市场需求增加

随着经济的发展，人们的收入水平越来越高，生活质量和品位也越来越高，消费结构升级带来消费观念改变。一方面，生活质量的提高，使人们不再满足于温饱，而是更关注食品的健康、营养甚至是个性需求和独特品位。另一方面，随着国内食品质量安全问题频发，人们对所购买食品的安全和卫生要求越来越高，无公害、绿色食品逐渐得到消费者认可。消费者消费观念的转变为绿色、有机、无公害的高质量农产品的发展提供了土壤，带来了前所未有的机遇。

2. 政府重视带来政策利好

国家实施乡村振兴战略、着力提升农民收入、优化农业经济结构，为高质量农产品发展提供了积极的宏观政策环境。近年来，山东省出台了《关于加快推进农产品品牌建设的意见》《山东省农产品品牌建设实施方案》《山东省特色农产品优势区建设规划（2018－2022年)》等一系列大力发展高质量农产品的政策文件，提出了"四个一"建设目标。山东省各地也结合自身优势，在基地建设、品牌培育、品牌宣传等方面做了大量卓有成效的工作，为加快推进山东省高质量农产品建设奠定了良好基础。

3. 设施农业发展较快

近年来，山东省设施农业数量持续稳定增加。截至2016年，山东省设施农业达到343.5万个，比2012年增加28.1万个，增长9.0%；设施农业占地面积32.6万公顷，比2012年增加5.9万公顷，增长22.0%。经营品种从发展初期的以反季节蔬菜为主，发展到目前涵盖蔬菜、瓜果、花卉、苗木及食用菌等大类。经营主体包括散户、中小型种植户、规模户、龙头企业、合作社等，其中规模以上经营主体占49.8%，50%经营主体进行了注册，经营5年以上的超过63.6%。山东省设施农业规模化生产发展快，质量和市场竞争力不断提高，部分地区已经形成"一镇一品"格局，在产品销售上形成比较成熟的体系。

4. "互联网＋"带来春天

2015年，李克强总理在政府工作报告中多次强调"互联网＋"，指出全社会要以积极创新的姿态来全面推动互联网与传统产业结合，促进中国电子商务快速发展。截至2018年底，中国网民规模为8.29亿，其中手机网民规模达8.17亿。全国行政村通光纤比例达到96%，贫困村通宽带比例超过94%。如此大的网民规模和进一步提高的互联网普及率为各行业与互联网的融合提供了先决条件。高质量农产品作为现代农业的一部分，与互联网渗透、融合是现代农业发展的必然要求：首先，可以利用大数据精准分析土壤、温度、品种等因素，采用最新技术提升整个产前效率；其次，可以运用绿色有机农产品质量追溯系统，推动高质量农产品生产和管理标准化。在产品销售中借助互联网大数据分析消费需求趋势，可以避免生产的盲目性，拓展销售渠道，使产销一体化模式得以有效运行。

（四）威胁分析

1. 高质量难保高收益

提高农产品质量，首要的是改善农产品的生产环境和生产条件，但这方面的投资往往比较大。青岛高氏庄园负责人利用深挖现有耕地、外运优质土壤等方式改良大泽山玫瑰香葡萄种植土壤，在改善葡萄种植条件等方面累计投入3000万元左右。这些改造投资提高了大泽山葡萄的品质，使高氏庄园的葡萄价格达到普通产品的4~5倍。但是品质的提高往往是以产量的下降为代价的，高氏庄园葡萄产量仅为普通产品的1/5到1/3，总体收益与普通葡萄差距不大，收益难以与投入相匹配。高质量农产品不仅投入大、投资回收期长，而且在外观、口感、品质等方面的要求更高，生产、运输、销售等各环节风险显著高于普通农产品。威海铎嘉隆西洋参种植专业合作社反映，四年期的西洋参每亩需要投入2.5万~3万元，对生长环境要求较为苛刻，一旦生产中有不利因素就会造成较大的损失，且保险的赔付比例偏低，在完全绝产情况下每亩仅能获得1万元赔付，生产风险较高。

2. 物流配送系统不健全、成本高

海阳市纪疃果蔬种植专业合作社负责人反映新鲜果蔬对运输的条件要求高，但目前冷链物流在乡村覆盖较低，包装和运输技术还达不到保鲜的要求，影响了产品的口感，极大地限制了开拓外地市场，也制约了产品销往能够卖出高价的地区。农产品生产后运输到批发商、分销商和超市，其中涉及的主要成本包括运输成本、人工成本和贮存成本。山东半岛农产品物流成本总体较高，主要有两个方面原因。一是流通环节多。农产品的主要流通方式是"农户—批发市场—中间商—零售市场—消费者"，由于中间环节多，存在多个中介主体，商品价格被反复抬高，致使物流过程中不良成本很高。二是运输成本高。农产品的物流以中小企业为主，无法利用信息化手段来调配车辆运输情况，回程空载率达40%，致使流通成本占商品总成本的50%~70%。

五 推进山东省高质量农产品发展的对策与建议

推进农产品高质量发展是一项系统性工程，既需要从供需两端发力，也需要整合政府、农业经营者、消费者、涉农机构等多方力量协同推进。其中，应高度重视政府在推动发展中的引领作用，做好制度安排，用好政策工具，夯实高质量发展基础。

（一）加强组织领导，做好制度安排

坚持以习近平新时代中国特色社会主义思想为指导，深入学习贯彻习近平总书记视察山东重要讲话精神，遵循新发展理念，认真把握中央"三农"工作总基调，加快《山东省新旧动能转换现代高效农业专项规划（2018—2022年）》《山东省特色农产品优势区建设规划（2018—2022年）》落地生根。特别是要加强组织领导，建立推动高质量农产品发展的组织体系和工作协调机制，进一步细化制度安排和发展方向，以规划为引领，抓制度落实，立足实际、稳步实施。

（二）优化政策供给，提升服务能力

正确处理政府与市场的关系，重点从提高政策供给质量和服务发展能力上下功夫。应以政府为主导加快推进各类高质量农产品生产标准及评价体系建设；树牢安全意识，建立清晰可跟踪的质量监管体系；用好财政手段，加大涉农资金整合力度，更多向高质量发展方面倾斜；改善农业用地环境，为高质量发展项目松绑；运用法治思维，保护好产品产地、产权、品牌等各类资源；加大市场环境整治力度，培植消费市场，优化营商环境；切实加强新型职业农民培训工作，为高质量生产提供广泛的人才支撑。

（三）创新金融服务，改善融资环境

在调研中，高质量农产品经营主体反映最集中的是融资难、融资贵问题。针对该问题，除强化财政保障外，应进一步创新金融服务，降低融资门槛，在加大"输血"力度的同时提升"造血"能力。要大力支持工商资本进入农业领域，优先发展高质量产品项目；应充分发挥农业融资担保机构、新旧动能转换基金的作用，为高质量农产品发展提供信贷保障；应挖掘农业农村要素资源，有序推进农村承包地土地经营权、农村住房财产权抵押贷款试点，提升融资能力；要建立健全农业保险制度，增加有针对性的保险品种，扩大保险覆盖面，提高保障水平。

(四)挖掘文化内涵,讲好品牌故事

对于享受型消费的高质量农产品,消费者在追求其高端品质的同时,也愿意探究其文化属性,体验更多消费元素。同时,农产品品牌是一个有机系统,重视文化营销更容易建立差异化优势。山东省从来不缺文化,在发展高质量农产品过程中,要充分挖掘并传承农耕文化价值,讲好品牌故事,深挖产品文化,追溯发展渊源;深挖历史文化,增加人文厚度;深挖饮食文化,宣传绿色健康;深挖民俗文化,还原产地魅力;深挖区域文化,展示人文自然和谐之美。而政府可以做的是收集并提供文化资源,打造宣传营销平台,推介展示品牌文化。

(五)坚持科技创新,促进产业融合

科技是推进高质量发展的关键。要发挥政府在科技创新中的引导性作用,做好连接与服务。注重发挥科研院所的辅助功能,特别是在种源和品质方面,增强农业科技创新与供给能力,提升成果转化与应用水平。应坚持以高质量农产品为突破,将目前进行的"一村一品""一村一特"与优势产业带建设结合起来,将农业品牌与旅游品牌、地域品牌结合起来,将产品生产与服务体系建设结合起来,加快构建现代农业产业体系、生产体系、经营体系,加快山东省农业农村一、二、三产融合进度,打造新时代农业农村发展新格局。

(责任编辑:樊祥成)

·农村经济·

异质性消费、生产者激励与农产品可追溯体系构建

——基于山东微观个人数据研究

丁佳琦 齐菁华 王超伟 庄 晨*

摘 要 通过实地调研、访谈，本文收集关于可追溯农产品市场的数据，综合考虑市场中存在的道德风险问题，分析异质性消费者在信息不对称消费市场环境中的选择，借鉴霍尔姆斯特朗和米尔格罗姆委托代理理论构建出可追溯农产品生产与消费之间的激励关系，应用Stata等统计软件完成消费者对可追溯农产品消费水平的深入分析，进而为完善可追溯体系建设、加大宣传力度、规范监督管理等方面提供新的经验证据以及对策建议。

关键词 可追溯农产品 信息不对称 道德风险 异质性需求

引 言

近年来，由于环境和人为因素的干扰，以海南省"毒豇豆"、山东省"重金属蔬菜"等事件为例，农产品农药残留、重金属含量超标等

---

* 丁佳琦（1998~），山东财经大学金融学院，经济研究中心研究助理，主要研究领域为金融学。齐菁华（1998~），山东财经大学财政税务学院，经济研究中心研究助理，主要研究领域为税收学。王超伟（1999~），山东财经大学会计学院，经济研究中心研究助理，主要研究领域为会计学。庄晨（1999~），山东财经大学公共管理学院，经济研究中心研究助理，主要研究领域为劳动与社会保障。

食品安全问题频频发生。问题农产品流向市场，引发了消费者对农产品产地、生产加工过程等相关信息前所未有的关注。造成这一现象的根本原因是农产品市场上普遍存在的信息不对称。

伴随着《食品安全法》的实施，国家加强了对从农田到餐桌各个环节食品安全的监管和控制。早在2004年，农业部、商务部等部门相继开展全国范围农产品可追溯体系试点工作，将农产品可追溯体系建设提上议程。2016年，山东省加入了全国重要产品追溯体系建设示范省项目，并在国内率先提出打造农产品可追溯供应商的理念。目前，中国农产品可追溯体系的落实方式表现为政府带头、企业积极配合，一些地方农业部门综合地区特色打造品牌农产品，并集中生产力量实行规模化生产。2018年"两会"期间，习近平总书记在山东代表团的审议中，对高质量发展等相关问题提出建议。可追溯体系的建设作为实现高质量发展的重要方面，日益得到社会关注。

农产品追溯系统可将大数据、云计算、物联网等现代技术结合起来，构建生产者、监管者和消费者有机结合的云数据处理中心，通过在供应链中形成连续可靠的信息流，不仅可以提供农产品从生产、加工到销售过程中的大量信息，还可以对农产品生产过程和流向进行及时有效的监控，促进优质农业发展。①

作为追溯系统信息流的终端，消费者对可追溯农产品溢价支付的意愿和水平将直接影响生产者和销售者的行为，进而影响追溯系统的构建和推广发展。目前，中国的农产品可追溯体系只能对少数地区和有限品种的农产品实行追溯，无法实现食品安全生产与整个供应链管理的有机结合。在溯源信息方面，溯源信息的不对称性普遍存在于销售者与消费者之间，影响消费者对可追溯农产品的选择和消费意愿。因此，系统地研究食品可追溯体系中销售者的行为模式和消费者的行为规律，并将其整合到食品可追溯体系中，对于保障食品安全具有十分重要的意义，对于促进中国食品可追溯体系的建设和推广具有重要的理论和现实意义。

---

① 李中东、张玉龙：《食品可追溯信息传递意愿及行为分析——基于284家食品生产企业的调研》，《企业经济》2018年第11期。

一 文献综述

现有研究表明,在农产品市场中存在严重的信息不对称。李勇等认为信息不对称主要存在于生产经营者与消费者之间、生产经营者与管理者之间。① 刘冬梅和绍砾群认为,消费者购买农产品普遍凭借自身经验,并依赖于对销售者的信任,从而在相对不健全的市场体系中造成了在农产品质量、性能、价格等方面信息上的不对称。② 中国农产品生产经营还普遍存在组织化和集约化程度偏低、监管成本高昂的问题,容易出现对农产品监管的"真空"状态,以致生产者、销售者在生产加工过程中容易产生机会主义行为和道德风险行为③;而作为市场中信息劣势一方的消费者,往往通过逆向选择,使劣质产品逐渐挤占优质产品的市场份额。

在国际市场上,部分欧美国家明令禁止不具备追溯性质的食品进入市场④,同时建立以农产品相关信息为追溯内容的体系,作为主要工具用以保障食品的健康和安全⑤。在中国,早在2004年,农业部、商务部等部门相继开展全国范围农产品可追溯体系试点工作,将农产品可追溯体系建设提上议程。

根据消费者对可追溯农产品的认知,王锋等人认为,消费者的职业、消费习惯等因素将影响其购买可追溯农产品的意愿。⑥ 尽管大多数受访者愿意为可追溯农产品支付比普通农产品高的价格,但只有少数人

---

① 李勇、任国元、杨万江:《安全农产品市场信息不对称及政府干预》,《农业经济问题》2004年第3期。
② 刘冬梅、绍砾群:《农产品市场信息不对称问题及解决思路》,《农村经济》2005年第2期。
③ 陈雨生、杨鲜翠、张琳、尹世久、秦宏:《可追溯背景下食品核心企业与认证机构行为选择——基于实验经济学的分析》,《农业技术经济》2015年第11期。
④ J. E. Hobbs, "Consumer Demand for Traceability," paper presented at the International Agricultrral Trade Research Consortium Annual Meeting, Monterey, California, 2003, pp. 15 – 17.
⑤ W. van Rijswijk, L. J. Frewer, D. Menozzi, G. Faioli, "Consumer Perceptions of Traceability: A Cross-national Comparison of the Associated Benefits," *Food Quality and Preference* 19(2008): 452 – 464.
⑥ 王锋、张小栓、穆维松、傅泽田:《消费者对可追溯农产品的认知和支付意愿分析》,《中国农村经济》2009年第3期。

接受较高水平的溢价。吴林海等进一步发现，收入水平、对食品安全的焦虑程度也会影响消费者的支付意愿和支付水平，其中消费者的年龄和教育程度，以及对可追溯食品的态度和认知对其支付意愿有显著影响，但不会显著影响他们的支付水平。[①] 在可追溯信息方面，朱淀等人发现，提供生产、加工、运输等信息，可以提高消费者购买可追溯猪肉的意愿。[②]

针对目前可追溯农产品市场中存在的问题，有不少研究从政府监管角度提出建议。李春艳和周德翼认为不对称信息环境中销售者有法不依是造成食品问题的主要原因。[③] 政府通过规范食品安全信息披露环节，激励生产者和管理者行为，是保障食品安全的关键。但是鉴于当前农产品质量安全可追溯体系难以有效建立，马永俐等呼吁各级地方政府强化管理责任，将激励机制整合到农产品质量安全可追溯体系的建设与管理中，在降低经营成本环节充分发挥社会各界的创造性，进而推动农产品质量安全可追溯体系的长久发展。[④]

本文以市场中存在的信息不对称现象为研究基础，主要从消费者的角度切入，应用消费者购买决策模型（CDP），综合运用信号理论、道德风险等经济学理论，构建不对称信息下的委托代理模型，解释可追溯农产品存在的价值、必要性与发展空间。本文进一步通过问卷数据分析和具体问题分析，以 Logistic 回归模型为主要工具，实证分析消费者愿意获得何种可追溯信息，以及愿意支付何种水平的溢价成本，并在此基础上为农产品可追溯体系的进一步发展提出优化措施。

二 可追溯农产品发展现状分析

本文数据源自 2018 年 7~8 月山东财经大学项目组对山东省济南市、烟台市与菏泽市的实地调研。项目组以问卷的形式对数据样本进行

[①] 吴林海、徐玲玲、王晓莉：《影响消费者对可追溯食品额外价格支付意愿与支付水平的主要因素——基于 Logistic、Interval Censored 的回归分析》，《中国农村经济》2010 年第 4 期。

[②] 朱淀、蔡杰、王红纱：《消费者食品安全信息需求与支付意愿研究——基于可追溯猪肉不同层次安全信息的 BDM 机制研究》，《公共管理学报》2013 年第 3 期。

[③] 李春艳、周德翼：《可追溯系统在农产品供应链中的运作机制分析》，《湖北农业科学》2010 年第 4 期。

[④] 马永俐、卢俭、李太平：《我国农产品质量安全追溯体系探究》，《物流科技》2016 年第 3 期。

采集,问卷主要涉及三个部分,包括被调查者的群体特征、对农产品安全的看法及其对可追溯农产品的认识与消费意愿。下述以 570 份问卷为数据分析的有效样本。

(一)消费者基本统计特征

受访人群年龄为 17~55 岁的占总人数的比例达到 94.6%(见表1),能够较为准确地反映当前市场参与者对可追溯农产品的态度与意见;此外较年轻群体的消费意愿,可供我们预估可追溯农产品的市场前景与消费环境。

受访人群的文化水平普遍处于高中学历以上。此次调查的人群多为高级知识分子,对可追溯农产品有一定的认识,是拉动经济增长与推动社会发展的核心力量,对于后期的问题分析具有较高的价值。

根据调查结果,中等收入 3001~10000 元的人数占 60%。在日常生活中,中等收入人群的消费更倾向于在满足基本需求的同时追求高品质的生活,他们对可追溯农产品的消费意愿也较高,展现出更多的差异化需求。

表 1 消费者基本统计特征

单位:人,%

	统计特征及分类指标	样本数	占比
性别	男	250	43.9
	女	320	56.1
年龄	16 岁及以下	10	1.8
	17~25 岁	270	47.4
	26~35 岁	83	14.6
	36~45 岁	72	12.6
	46~55 岁	114	20.0
	56 岁及以上	21	3.7
文化程度	小学及以下	14	2.5
	初中	27	4.7
	高中及中专	93	16.3
	大专及本科	352	61.8
	本科以上	84	14.7

续表

统计特征及分类指标		样本数	占比
职业	国家机关、事业单位工作人员	70	12.3
	企业人员	116	20.4
	个体工商户	39	6.8
	普通打工者	47	8.2
	退休人员	24	4.2
	学生	250	43.9
	其他	24	4.2
家庭平均月收入	3000元及以下	121	21.2
	3001~5000元	148	26.0
	5001~8000元	114	20.0
	8001~10000元	80	14.0
	10001~20000元	70	12.3
	20000元以上	37	6.5

（二）消费者的消费需求分析

调研过程中，人们普遍认为，当前对绿色健康食品的追求，以及对高质量生活水平的向往，是推动可追溯体系越来越广泛地应用于农产品生产销售环节的重要因素。一方面显示出消费者对于高质量绿色农产品具有较大的需求，以及当前市场尚不能充分满足消费者高水平需求的状况；另一方面也反映了不同的消费者对于农产品安全的需求水平存在显著差异。近80%的人表示自己更关注产品质量方面的信息，其中有65%的人需要生产商提供农产品来源的信息。还有消费者认为应根据产品的种类有选择地提供不同种类的追溯信息，且应根据市场环境权衡不同的信息需求。

近80%的受访者对当前的产品安全监督情况不满意，对于购买的产品安全情况不了解。这表明中国农产品市场监管并不完善，而且消费者所得到的农产品质量信息一定程度上并不真实可靠。但70%的受访者愿意相信可追溯农产品信息的真实性，对可追溯农产品的支付意愿较高，部分消费者甚至愿意在合理范围内接受较高的价格。这表明，中国消费者普遍支持发展可追溯农产品，可追溯农产品未来市场前景相对广阔。

消费者对于可追溯信息的需求存在明显差异，可追溯信息主要分为农产品质量安全信息和流程信息，消费者对农产品质量安全的重视程度明显高于其他方面。受原有食品安全观念和传统消费观念的影响，消费者首先对农残信息格外关注，其次对于食品生产环境有较高的要求。除了外部条件的控制，产品的营养成分和食用信息是决定消费者是否选择可追溯农产品的关键。同时各环节的详尽追溯以及明确的追责是确保产品质量的重要因素（见表2）。

表2 消费者希望了解的可追溯农产品的相关信息

单位：分

选项	平均综合得分
生产过程中的农药、化肥控制情况	6.55
具体产地的环境情况	5.52
产品的营养和食用情况	4.45
产品运输储存信息	3.75
中间生产商的生产过程及方式	2.80
农产品生产经营者的从业信息介绍	2.66
产品生产、加工和售卖等各环节的时间信息	2.50
若发生食品安全问题消费者可得到的赔付	2.02
其他	0.09

图1数据显示，食品安全能够得到保障，农产品相关信息全面可信，可追溯农产品更加新鲜、健康、有营养以及价格提升在可接受范围内等因素均能够提升消费者消费意愿，选择人数比例分别为71.93%、65.96%、62.11%和34.04%。由此可见，消费者主要追求农产品健康安全有保障，并对可追溯信息安全可靠性有较高的需求。

价格也是影响消费者行为的重要因素之一。当产品溢价高于消费者最大支付意愿时，他们将不再选择可追溯农产品。在信息化社会背景下，消费者无法确保认证信息的准确性，因而不愿在有风险的前提下选择更为昂贵的可追溯农产品。还有部分消费者表示扫码查询信息太麻烦，比买菜还要费时，所以他们倾向于购买自己所熟悉的传统农产品。此外还有部分消费者认为保障食品质量是生产者的本职工作，不应该溢价。

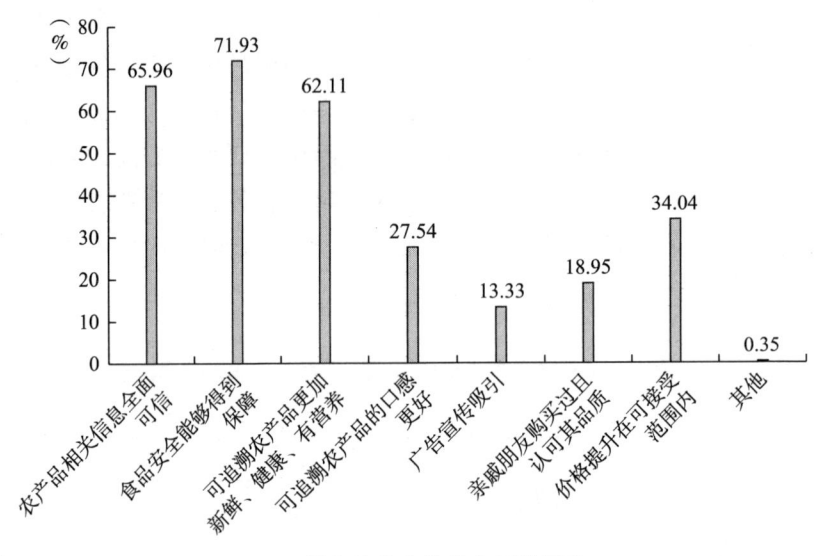

图1 提高消费者消费意愿的因素

柱状图数据：
- 农产品相关信息全面可信：65.96
- 食品安全能够得到保障：71.93
- 可追溯农产品更加新鲜、健康、有营养：62.11
- 可追溯农产品的口感更好：27.54
- 广告宣传吸引：13.33
- 亲威朋友购买过且认可其品质：18.95
- 价格提升在可接受范围内：34.04
- 其他：0.35

（三）可追溯农产品购买意愿分析

目前，有关农产品可追溯体系的研究主要包括两个层面：消费者对可追溯农产品的认知，以及影响消费者支付意愿和支付水平的因素分析。消费者的认知状况不仅影响其决策态度和行为，而且会导致信息不对称。另外，由于影响因素涉及多方面，包括消费者的年龄、文化程度、健康状况、职业等个人特征，以及消费者的购买行为、对食品安全的关注程度和对食品安全的满意度，因此消费者的偏好呈现异质性。

调查问卷数据显示，各个年龄阶段的消费者均有半数以上表达了积极的购买意愿，其中46~55岁的消费人群中表示愿意购买的比例高达77.9%。受社会环境因素与年龄因素的影响，人们的信息收集能力与接受程度不同，进而对可追溯农产品的理解和判断不同，表现出不同的购买意愿。56岁及以上年龄的消费者受环境和个人观念的影响，对可追溯农产品表现出较大的不信任与抗拒，而相对低龄的消费者在日新月异的社会发展中，接受了更多的新鲜事物，紧随时代潮流，表现出较高的接受能力与支付意愿。

接受高水平的教育在一定程度上可以提高对可追溯农产品的购买意愿。接受过高等教育的消费者愿意购买可追溯农产品的比例超过60%，而仅接受过初中及以下教育的消费者，购买意愿有明显的下降。本研究认为，教育可以提高消费者的认知水平与接受能力，接受过高水平教育的消费者更大程度上追求高品质生活，因此接受能力更强、购买意愿更加强烈。

随着消费者家庭平均月收入水平的提高，其购买意愿也呈现递增的趋势，且家庭平均月收入1万元以上的消费者愿意购买可追溯农产品的比例高达80%。基于经济学因素分析发现，消费者的购买意愿和行为会受到收入的影响，高收入人群更加注重产品品质，因此会更关注健康营养和质量安全问题，进而更倾向于购买可追溯农产品。

就购买地点而言，电商等新购买途径、果蔬经营超市、农贸市场三者占比达70%以上，其中电商等新购买途径占比最高。相关原因分析表明，在当前市场环境中，电商销售各环节不能较好地实现公开透明，信息不对称现象较为严重，同时由于对电商销售的监管存在一定的空缺，质量监督难度较大，消费者承担产品质量问题的风险较大，因此消费者购买可追溯农产品能够降低自身风险。

三 可追溯农产品消费决策的实证分析

（一）理论基础

1. 市场中的信息不对称

"柠檬市场"是农产品市场最鲜明的特点。在信息不对称的市场环境中，农产品生产者和销售者凭借信息优势，向消费者传递产品价值或质量信息。消费者作为信息劣势一方，对信息进行甄别和筛选。即使生产者按标准生产产品，消费者仍存在不信任的心理，从而存在逆向选择行为，进而导致优质产品可能被挤出市场遭受淘汰，劣质产品占据较大市场份额。

农产品生产销售等各环节和领域都可能存在信息不对称，此外农产品的经验品和信任品特性强化了其信息不对称性特征；在现实生活中，消费者还不能在观念上实现农产品从信任品向经验品和搜寻品的转变，信息不对称的模式还没有得到根本性的逆转。

2. 消费者存在异质性消费行为

研究表明，消费者的基本特征、购买安全农产品的体验以及安全农产品与普通农产品的价格差异，都会影响他们对可追溯农产品的认知。基于消费者行为理论和安全食品支付意愿的研究结果，本文认为人口、经济和心理因素是影响消费者认知和购买可追溯农产品的重要因素。

（1）人口因素。因为在性别、年龄、文化程度、专业背景和价值观等方面都存在差异，而且在社会和家庭中承担不同责任，所以消费者获取信息的能力和渠道也不同。这些因素对消费者认知和判断可追溯农产品产生直接影响，进而影响消费者的决策过程。

（2）经济因素。消费者的收入和可追溯农产品与同类普通农产品的价格差异，会影响消费者对可追溯农产品的态度和购买行为，而质量和价格决定消费者的购买意愿。一般来说，低收入者更喜欢购买质量相对较低的农产品，而高收入者对农产品较挑剔，可能更注重健康、营养、质量和安全等问题。

（3）心理因素。对可追溯农产品各层面各领域的认知水平，会影响消费者对可追溯农产品的接受程度与消费态度。

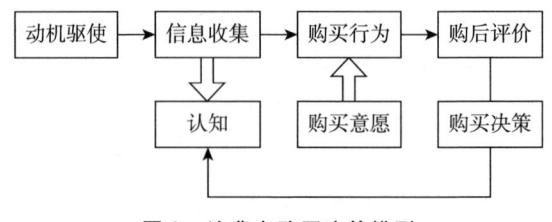

3. 消费者购买决策模型

消费者购买决策是在一定的购买动机控制下，为了满足一定的需求，对两个或两个以上的替代性购买计划进行分析、评价、选择，实施最佳购买计划和购买后评价的活动过程。它是一个系统的决策过程，能够了解消费者对可追溯农产品购买决策行为的影响因素和机制。消费者购买决策模型的核心主要包括动机驱使、信息收集、购买决策和购后评价四个环节。

图 2　消费者购买决策模型

（二）核心模型——不对称信息下销售者行为（道德风险模型）

基于上述理论在可追溯农产品中的适用性，参照霍尔姆斯特朗

（Holmstrom）和米尔格罗姆（Milgrom）[①] 的模型设计，我们对不对称信息下销售者行为做如下建模分析。

假设一维的努力 a 变量与销售 x 的关系为简单的线性关系：$x = a + \varepsilon$。ε 是服从正态分布的随机变量，其均值为 0，方差为 σ^2，用于衡量监管难度。方差数值增大，表示所衡量的不确定性程度提高。假设销售者的收入水平 $\omega(x) = \alpha + \beta x$，其中 α 表示固定收入，β 表示销售每增加一单位给销售者带来的边际报酬。

假定销售者是风险规避的，且效用函数 $U = -\exp(-\gamma\omega)$ 说明销售者倾向于不变绝对风险规避（CARA），用 γ 定义绝对风险规避度量。销售者的努力成本函数为 $c(a) = \dfrac{ba^2}{2}$，显然它是凸函数。因此，销售者的实际期望收入为：

$$S = E\omega - c(a) = E[\alpha + \beta(a + \varepsilon)] - \frac{ba^2}{2}$$

$$= \alpha + \beta a - \frac{ba^2}{2} \tag{1}$$

由于销售者是风险规避的，因此其期望效用为：

$$EU = E[-\exp(-\gamma\omega)] = \int_{-\infty}^{+\infty} -\exp(-\gamma\omega)dw$$

$$= \int_{-\infty}^{+\infty} -e^{-rw}\frac{1}{\sqrt{2\pi}\sigma}e^{-\frac{1}{2}(\frac{\omega}{\sigma})^2}d\omega = -e^{-r(\bar{\omega} - \frac{1}{2}r\sigma_\omega^2)} \tag{2}$$

式（2）意味着，计算销售者的期望收入等同于计算 $\bar{\omega} - \dfrac{1}{2}r\sigma_\omega^2$。这里的 σ_ω^2 是收入 ω 的方差，$\sigma_\omega^2 = Var(\alpha + \beta x) = \beta^2\sigma^2$。注意到 $\bar{\omega}$ 正是式（1）所表示的实际期望收入，因此我们将式（2）的可变部分整理得到：

$$AEC = \alpha + \beta a - \frac{ba^2}{2} - \frac{1}{2}r\beta^2\sigma^2 \tag{3}$$

这就是销售者的确定性等价收入，即销售者剔除信息风险之后可以得到的确定性报酬，或者理解为销售者面对这一报酬和期望收入没有差

[①] P. Milgrom, Holmstrom Paul, "The Firm as an Incentive System," *American Economic Review* 84 (1994): 972-991.

异,因此是"等价的"。式(3)的右边前面两项 $\alpha+\beta a$ 表示销售者的实际销售收入,$\frac{ba^2}{2}$ 表示努力成本,$\frac{1}{2}r\beta^2\sigma^2$ 代表风险成本。这个式子表明:在风险面前,销售者的实际所得等于全部收入减去努力的负效用,再减去承担信息不对称所产生的风险成本。

$$a \in \underset{a}{\operatorname{argmax}}\left\{\alpha + \beta a - \frac{ba^2}{2} - \frac{1}{2}r\beta^2\sigma^2\right\} \tag{4}$$

由于该函数是凹的,因此我们可以利用一阶条件来替代:

$$a = \beta/b \tag{5}$$

接着我们考虑销售者的参与约束,令 $\underline{\omega}$ 为代理人的保留效用,则参与约束为:

$$\alpha + \beta a - \frac{ba^2}{2} - \frac{1}{2}r\beta^2\sigma^2 \geq \underline{\omega} \tag{6}$$

最后考虑消费者。对消费者行为运用风险中性假设,那么其期望效用就等于期望收入,即:

$$EV = Ex - \omega = a - (\alpha + \beta a) = (1-\beta)a - \alpha \tag{7}$$

由于固定项 α 可以通过事前一次性总付兑现,不影响边际激励,因此不必进入消费者的目标函数。消费者真正需要考虑的是如何诱使有效的努力水平 α 并决定提成比例 β,因此消费者的问题可以表述为:

$$\max_{\{a,b\}}(1-\beta)a - \alpha$$
$$s.\ t.\ \alpha + \beta a - \frac{ba^2}{2} - \frac{1}{2}r\beta^2\sigma^2 \geq \underline{\omega}$$
$$a = \beta/b$$

两种约束条件分别是参与约束与激励相容约束,因此使用库恩-塔克定理可以解得:

$$\beta = \frac{1}{1+rb\sigma^2} \tag{8}$$

式(8)表明,销售者所获得的销售差价,主要取决于其风险态度 r、边际成本参数 b 和监督难度 σ^2。给定其他条件不变,销售者越是风险厌恶或者市场上信息不对称风险越大,销售者的销售差价越低,销售的初始定价越高。在现实生活中,可追溯农产品质量提高,同时在销售环节能够实现有效监督，存在一定水平的溢价，因此销售者能够获得更高水平的销售差价。而对于不可追溯的农产品，由于销售过程的监督更加困难，因此销售者只能获得市场一般水平收入，并且其行为的结果很难直接度量，相当于 $\sigma^2 \to +\infty$，此时显然有 $\beta=0$，即不会获得高于市场一般水平的销售差价。

（三）实证结果分析

在消费者购买决策模型的假设基础上，我们进一步分析可追溯信息需求群体的社会角色、购物渠道、消费者关注倾向、个人职业等特征，对可追溯农产品购买意愿进行 logit 分析，并根据消费者针对不同种类的可追溯农产品（蔬菜、水果、肉类、米面）所支付的溢价成本的差异，阐述哪种消费者更愿意消费可追溯农产品，且愿意支付何种水平的溢价成本（见表3、表4）。

表3 变量指标说明

变量类型	变量内容	赋值
被解释变量	是否愿意消费可追溯农产品	愿意=1；不愿意=0
	是否愿意接受20%以上溢价的可追溯农产品	接受=1；不接受=0
主要解释变量	性别	男=1；女=2
	年龄	实际值
	教育	高中以下=1；高中及以上=2
	购物渠道	农贸市场=1；超市=2；小摊=3；大电商=4；微商=5
	消费者关注倾向	新鲜=1；产地=2；农药=3；认证=4
	个人职业	企业员工=1；个体=2；打工=3

表4 可追溯农产品购买意愿回归分析

	(1) 蔬菜 是否	(2) 蔬菜 高溢价	(3) 水果 是否	(4) 水果 高溢价	(5) 肉类 是否	(6) 肉类 高溢价	(7) 米面 是否	(8) 米面 高溢价
性别	-0.511* (-1.83)	-0.301 (-1.25)	-0.609** (-2.06)	-0.307 (-1.44)	-0.502* (-1.72)	0.092 (0.44)	-0.310 (-1.21)	-0.233 (-0.97)

续表

	(1) 蔬菜 是否	(2) 蔬菜 高溢价	(3) 水果 是否	(4) 水果 高溢价	(5) 肉类 是否	(6) 肉类 高溢价	(7) 米面 是否	(8) 米面 高溢价
年龄	0.165 (1.01)	-0.239 (-1.45)	0.216 (1.29)	-0.150 (-1.08)	0.353** (2.04)	-0.158 (-1.15)	0.108 (0.70)	-0.275* (-1.65)
教育	0.205 (1.09)	0.214 (1.19)	0.210 (1.09)	0.253 (1.64)	0.374* (1.88)	0.154 (1.05)	0.223 (1.27)	0.227 (1.28)
农贸	-0.144* (-1.76)	-0.005 (-0.07)	-0.133 (-1.54)	-0.038 (-0.60)	-0.192** (-2.24)	-0.126** (-2.05)	-0.074 (-0.97)	-0.078 (-1.12)
超市	0.223*** (2.76)	0.147** (2.05)	0.261*** (3.07)	0.126** (2.01)	0.222*** (2.64)	0.103* (1.70)	0.217*** (2.92)	0.131* (1.84)
小摊	-0.176** (-2.51)	-0.083 (-1.31)	-0.167** (-2.30)	-0.005 (-0.08)	-0.164** (-2.24)	-0.023 (-0.43)	-0.184*** (-2.86)	-0.054 (-0.85)
大电商	-0.142 (-1.41)	-0.033 (-0.34)	-0.169 (-1.64)	-0.032 (-0.38)	0.002 (0.02)	-0.076 (-0.91)	-0.235** (-2.54)	-0.052 (-0.52)
微商	0.195* (1.88)	0.039 (0.38)	0.254** (2.27)	-0.049 (-0.56)	0.249** (2.29)	0.039 (0.45)	0.221** (2.20)	0.183 (1.59)
新鲜	-0.117 (-0.99)	-0.308*** (-2.89)	-0.182 (-1.49)	-0.209** (-2.21)	-0.124 (-0.99)	-0.092 (-1.00)	-0.186* (-1.65)	-0.172 (-1.62)
产地	-0.148* (-1.94)	0.095 (1.39)	-0.054 (-0.66)	0.086 (1.42)	-0.198** (-2.39)	0.046 (0.81)	-0.158** (-2.18)	0.093 (1.38)
农药	0.099 (1.43)	0.025 (0.42)	0.129* (1.77)	0.034 (0.63)	0.173** (2.33)	0.055 (1.09)	0.105 (1.61)	0.044 (0.74)
认证	0.035 (0.53)	-0.108* (-1.70)	-0.033 (-0.46)	-0.042 (-0.78)	0.079 (1.09)	-0.075 (-1.46)	-0.019 (-0.30)	-0.148** (-2.30)
企业员工	-0.134 (-0.32)	-1.230*** (-2.72)	-0.069 (-0.16)	-0.870** (-2.25)	-0.189 (-0.42)	-0.782** (-2.05)	-0.377 (-0.93)	-0.547 (-1.26)
个体	1.543* (1.86)	-0.161 (-0.31)	1.170 (1.59)	0.056 (0.12)	0.936 (1.25)	0.441 (0.98)	0.914 (1.39)	0.331 (0.63)
打工	-1.013* (-1.87)	-1.012 (-1.53)	-0.908 (-1.64)	-0.360 (-0.74)	-1.103* (-1.81)	0.004 (0.01)	-0.571 (-1.11)	-0.720 (-1.05)
控制变量	Yes	Yes	Yes	Yes	Yes	Yes	Yes	Yes

续表

	(1) 蔬菜 是否	(2) 蔬菜 高溢价	(3) 水果 是否	(4) 水果 高溢价	(5) 肉类 是否	(6) 肉类 高溢价	(7) 米面 是否	(8) 米面 高溢价
N	570	570	570	570	570	570	570	570
r2_a	0.153	0.110	0.172	0.084	0.195	0.077	0.153	0.102

通过问题"如果您接受可追溯农产品，那么您可以接受的溢价（价格上升）程度是多少？"，可以获得消费者对于可追溯农产品的接受水平信息。我们根据回答中的"不接受""愿意接受20%以内的溢价""愿意接受30%~60%的溢价""愿意接受100%以上的溢价"四个选项，将全部消费者按照"是否愿意消费可追溯农产品"和"是否愿意接受20%以上溢价的可追溯农产品"两个标准分为可追溯农产品潜在用户和高需求潜在用户，并将人口统计学特征变量、购物渠道选择变量、消费者关注倾向变量和个人职业变量分组放入回归中，使用 logit 方法，对上述变量是否能够影响消费者对可追溯农产品的需求进行分析，表4中的系数为平均边际效应。

与通常认为的教育水平与购买可追溯农产品的意愿强烈相关不同，性别与是否选择可追溯农产品有较强的相关性。从数据上看，女性对可追溯农产品的热情低于男性，这同样与现有直觉不符，一个可能的原因是女性选择的主观性更强，其选择农产品的经验较为丰富，或者了解更加安全的购买渠道。此外与相对传统的消费观念相匹配的勤俭持家的生活理念，也削弱了女性对可追溯农产品的购买意愿。

进一步的研究根据最常使用的购物渠道划分，我们发现较少从大超市购物的被调查者更愿意使用可追溯农产品。依据道德风险理论，大型连锁超市以自身的信用为消费者提供担保，消费者对于从大型连锁超市购买到的产品质量非常信任，因此对可追溯农产品的需求并不十分显著。这在验证上述观点的同时，也揭示出消费者客观上确实需要质量的保障。同时使用微商购物对消费者对可追溯农产品的需求有较为显著的负向影响。在微商销售过程中，消费者与销售者采取直接联系、交易的方式，信息互换流通充分，且后期产品质量出现问题后，维权投诉等均较为便捷，有利于解决不同主体间信息不对称的问题，减少市场的逆向选择，降低生产者的道德风险。

在消费者在消费过程中最关心什么问题的研究中，我们发现是否关注可追溯农产品对消费者的影响并不显著，但高度关注农产品是否新鲜、产地在何处以及污染问题的消费者，非常显著地支持使用可追溯农产品。

在消费者职业的影响中，我们发现个体经营者和打工者对可追溯农产品的支付意愿较低。不同的文化程度和专业背景，会在很大程度上通过影响消费者对可追溯农产品的认知和识别能力，进而影响消费者对可追溯农产品的消费意愿和采购行为。提高消费者的整体素质，可以促进农产品可追溯市场的不断发展。同时，职业差别带来收入差距，低收入者更喜欢购买质量较低的农产品，高收入人群对农产品有较高的要求和期望，更注重健康营养、质量安全等问题，也有较高的支付能力。

四 结论和建议

（一）基本结论

1. 农产品市场存在较严重的信息不对称情况

在当前的中国农产品市场，消费者与供应者之间存在较为严重的信息不对称情况。相对于消费者，市场中的供应者掌握着更多关于产品新鲜程度、产地等的各种信息，而获取信息相对困难、信息较少的消费者在交易中处于劣势地位，且由于获得的信息不完整，会对交易失去信心。构建农产品可追溯体系可在提高信息流通水平的同时，有效解决市场效率问题，进而促进市场更好更快发展。

2. 消费者异质性需求没有得到充分满足

通过对数据进行 logit 回归分析，我们发现消费者的性别、职业、个人消费关注点及食品安全性等多种因素，都会影响其对可追溯农产品的接受水平和购买意愿。针对不同的因素进行分析时，我们发现目前消费市场上消费者需求存在明显的差异。就目前的市场而言，可追溯农产品产业发展并不完善，产品仍旧相对单一，只能满足部分消费者对可追溯农产品的基本需求，追溯信息的供给相对缺乏有效性与针对性，对消费者的消费吸引有限，也并不能很好地满足消费者的差异化需求。

3. 传统农产品市场得不到农产品可追溯体系的可靠保障

通过对消费者的购物渠道进行对比分析，我们发现相对于从大型超市等传统农产品市场购物，从"新零售"如电商、微商等平台购物的人更愿意使用可追溯农产品，即更希望其购买的农产品得到质量保障。目前"新零售"行业发展迅速，为了维护产业平衡发展，我们应为传统农产品市场提供可靠的质量保障，积极发展完善农产品可追溯体系，为消费者提供放心的农产品。

4. 中国的农产品可追溯体系发展并不完善

目前市场上存在的消费者差异性需求得不到满足、信息不对称等问题，根源在于中国农产品可追溯体系不完善。中国农产品市场信息流通环节较为薄弱，可追溯体系建设经验不足，仍缺乏必要的保障机制与约束机制。虽然中国目前农产品可追溯体系的建设工作取得一定的效果，但与发达国家相比仍有较大差距，存在各部门缺乏沟通协作、缺乏统一的监管标准等问题。此外，基本的检测检验和贮藏保鲜设施不健全、信息化交易结算占比低、从业人员素质亟待提高等问题并存。

（二）建议

1. 加大监管力度，规范市场行为，防范道德风险

要想推动农产品可追溯体系有序发展，既要保证可追溯信息的准确性及宣传的真实性，又要实现农产品相关监管部门的有效沟通和协商。首先，明确追溯对象，统一追溯信息及质量标准，建立食品安全市场准入制度、安全认证制度、召回制度等，确保消费者得到有效的追溯信息，并在维权过程中有法可依。其次，建立可追溯相关监管、追责制度，明确从业人员的义务和责任，对制作及传播虚假、过时追溯产品信息的行为进行严厉打击，提升销售者素质，规范市场行为，防范道德风险，减少交易中逆向选择行为。

2. 落实农产品可追溯体系的宣传普及工作

近年来，消费者对食品安全的关注空前。政府要充分利用政府公信力，通过新闻、微博、微信推送等方式，向公众普及农产品可追溯体系的基本内涵和意义，充分利用农业信息网站、农产品交易所等，宣传可追溯农产品、农产品可追溯企业与农产品可追溯体系。加强消费者对农产品可追溯体系的积极认知，形成可追溯农产品信息真实、安全、健康

的"品牌效应",激发消费者对可追溯农产品的需求,让更多的人了解和选择可追溯农产品,减少食品安全问题。

3. 国家财政贴息,降低农产品可追溯成本

现阶段,农产品可追溯的实现需要诸多环节的密切参与和配合。高端技术与设备的应用造成产品的成本居高不下,而消费者个体收入难以在短期内实现大幅度提高,致使可追溯农产品的市场认可度不高。因此,应考虑政府和企业在农产品可追溯体系发展中的职能定位,探索合理可行的附加成本分担机制。国家要加大对农产品可追溯体系建设的财政贴息,投入专项资金支持基础设施建设,促进科技研发,大力支持人才培养,降低信息记录等成本,关注和支持生产规模大的可追溯企业,逐步实现规模化生产和销售,鼓励生产者和消费者实现双赢。

4. 实现一体化建设,提升信息有效性及可信度,减少信息不对称

目前,中国消费者对追溯信息提出有效性及真实性两方面要求。基于调查分析,我们发现产品生产、加工和售卖等环节的时间信息、具体产地的环境信息、生产过程中化肥施用情况等信息,是消费者更为期望并愿意支付高溢价的有效信息,农产品可追溯体系发展初级阶段可重点追溯该类信息。提升追溯信息真实性,首先应打破部门间的分割,实现一体化建设,通过各层级链条式认证,为可追溯农产品信息端设立官方认证码,凭借政府公信力提升追溯信息的信用水平。此外,应整合和修订不同的可追溯监管部门的标准,创新管理模式,形成一个完整的农产品可追溯体系,在保证追溯信息效用及可信度基础上,为消费者提供信息查询渠道,减少信息不对称,解决由此造成的市场效率低下问题,促进市场良好发展。

5. 建设可追溯农产品的分级消费试点区,满足消费者异质性需求

消费者对于不同种类农产品的溢价支付意愿存在显著差异,据此我们建议,在为可追溯农产品定价时,根据消费者偏好研究,充分发挥规模经济效应,适当降低刚性需求较强、群体偏好较高的产品溢价,提高信息价值较高且需求相对较低的农产品价格。根据消费者对追溯信息的需求层次与溢价支付意愿进行分级,在生产与定价环节制定与之匹配的分级标准。通过对一些出现过食品安全问题、消费者较为关心、易引发安全隐患的农产品进行试点追溯,使用配套的可追溯技术,探究不同等级消费者是否愿意为农产品的相关信息及其安全性买单。通过在各个试点区的实验，找到影响消费者购买可追溯农产品的因素，进一步提出假设、修改理论，为后期可追溯体系的推广奠定基础、积累经验，充分发挥试点区的带头和引导作用。

（责任编辑：孙灵燕）

如何将高素质农民留在农村：
基于推拉理论的分析*

孙学涛**

摘 要 农业人才是乡村振兴的第一资源，而高素质农民是农业人才的基础。本文基于推拉理论，运用案例分析法，以革命老区雪村为案例，分析了农民进城务工的原因以及如何将农民留在农村。研究发现：农民进城务工是经济社会发展的必然结果；部分农民进城务工是为了增收，部分农民进城务工是为了子女获得更好的教育等。最后为了在农村形成一支懂农业、爱农村的高素质农民队伍，本文从改变政府农业支持形式和发展涉农产业等角度提出了五点将高素质农民留在农村的政策建议。

关键词 高素质农民 推拉理论 案例分析法

引 言

党的十九大报告指出，实施乡村振兴战略，农业农村农民问题是关系国计民生的根本性问题，必须始终把解决好"三农"问题作为全党工作重中之重。2018年中央一号文件提出大力实施乡村振兴战略。实施乡村振兴战略必须坚持农民的主体地位，必须培养造就一支懂农业、

---

* 本文为山东省社会科学规划研究项目（20CSDJ48）阶段性成果。
** 孙学涛（1989~），山东社会科学院农村发展研究所助理研究员，管理学博士，主要研究领域为农业经济理论与政策。

爱农村、爱农民的"三农"工作队伍，必须让农业成为有奔头的产业、让农民成为有吸引力的职业。乡村振兴，一方面要扩大农民在产业发展过程中的受益面，另一方面要发展农业产业、增加农民就业机会，最终达到农民长期稳定增收目的，从而实现农业农村现代化的目标。

农业人才是乡村振兴的第一资源。在农业现代化过程中，农业人才是最重要的资源，具有物质资源不可比拟的优点。充分发挥农业人才的优势是乡村振兴的关键，农业人才在乡村振兴过程中的作用主要表现在以下几个方面：第一，农业人才是农业要素投入不可或缺的一部分，能够直接推进农业发展，并在农业发展中迸发巨大的力量；第二，农业人才能够促进农业资源合理流动与配置，提高农业资源利用效率，进而推动农业产业发展；第三，农业人才能够促进农业产业合理运行，降低农业管理成本，提高农业运行效率，推动农业经济发展。

高素质农民是农业人才的基础。随着城镇化进程的推进，高素质农村劳动力率先由农业向非农产业转移，由农村向城市转移。这种转移会引起农村劳动力整体文化素质下降。农业科技应用到农业需要大量的高素质农民，即高素质农民是实现农业科技进步的重要保障。只有将高素质农民留在农村，科研人员才能把先进的农业生产技术传授给农民，并应用到生产中去，农业科技推广才能解决农业科技落地"最后一公里"的问题；只有将高素质农民留在农村，才能提高农民运用新科技进行农业生产的积极性，从而有效提高农民对农业科学技术的认识水平；只有将高素质农民留在农村，农民才会更容易学习和掌握农业新技术和新方法。因此将高素质农民留在农村不仅是解决农业科技落地"最后一公里"问题的根本方法，也是实施乡村振兴战略的根本要求。

本文以革命老区雪村[①]为例，分析如何将高素质农民留在农村。革命老区为新中国的革命事业做出了重大牺牲和贡献，是党和人民军队的根。[②] 雪村不仅是革命老区，也是18个抗日根据地之一。本文尝试分析解决以下几个问题：哪些原因导致了农民外出务工，农民收入低的原因有哪些？如何将农民留在农村，农村应该留下多少人？农村与城市的收入差距达到多少，农民才愿意留在农村务农？

---

① 根据学术规范要求，文中所涉及的地名和人名均为化名。
② 王丛虎、李宜馨：《精准扶贫政策执行中组织运行的创新与完善——基于信阳市大别山革命老区的调研》，《河南社会科学》2018年第7期。

一 理论框架

唐纳德·博格①（D. J. Bogue）于20世纪提出并阐释了推拉理论。推拉理论认为人口的流动是居民为了改善生活环境而引发的，流入地的工资收入、基础设施建设和教育水平等对人口流动产生拉力，而流出地的工资收入水平、部门劳动力过剩和教育水平等对人口流动产生推力，同时人口由流出地向流入地流动的过程中还存在中间障碍②③。农民进城务工的推拉模型如图1所示。

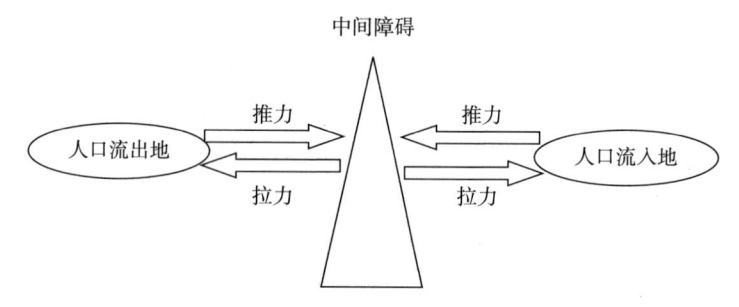

图1　农民进城务工的推拉模型

（一）城市对农民的"拉力"和"推力"

1. 城市对农民的"拉力"

在改革开放的背景下，工业部门的比较收益高于农业部门的比较收益，即农业部门劳动生产率提升速度慢于工业部门劳动生产率提升速度，同时工业部门的劳动力需求量提升，吸引一部分农民由农村流向城市，这也成为城市吸引农民的初始动力。随着中国工业化的发展，在比较利益的驱动作用下，城市经济发展速度不断提升，城市居民生活水平不断提高，农民为了增加收入而不断流向城市。这成为城市吸引农民的根本动力。受自身条件的限制，农民主要集中在非国有

---

① D. J. Bogue, *Components of Population Change, 1940 – 50* (Oxford, Ohio: Scripps Foundation, Miami University, 1957).
② 李明桥、傅十和、王厚俊：《对农村劳动力转移"钟摆现象"的解释》，《人口研究》2009年第1期。
③ E. S. Lee, "A Theory of Migration," *Demography* 3(1966): 47 – 57.

部门和第三产业，非国有部门和第三产业的发展速度也成为城市吸引农民的后续动力。①

2. 城市对农民的"推力"

随着城市的发展，大量的农民进城导致城市人口达到饱和，城市会采取一定的措施限制农民进城。一方面农民落户难，农民进城后无法享受到与城里人同等的福利待遇，无法成为真正的市民，只能在农村与城市之间奔波；另一方面农民由于自身生活条件的限制，很难体会到在大城市生活的幸福。市民化的成本高是制约农民在城市落户的重要因素，中国社会科学院计算出农民市民化公共成本约为 13 万元/人，东部地区为 17.6 万元/人，中西部地区约为 11 万元/人。②

（二）农村对农民的"拉力"和"推力"

1. 农村对农民的"拉力"

首先，国家对农业的支持力度不断加大。随着城乡二元经济结构不断改善，国家不仅取消了农业税，还对农业进行补贴。近年来，国家又提出了乡村振兴战略，要把乡村建设成为农业强、农村美和农民富的现代化新乡村。其次，农业基础设施不断完善。在乡村振兴战略的实施下，农业水利设施不断建设，农业科技水平不断提高，农业机械化大规模应用，农业规模经济收益不断体现，农业成为有希望和有奔头的产业。最后，农村生活环境相对较好。农村青山绿水、幽静园野、邻里相识、家人团聚的生活在城市无法体验。

2. 农村对农民的"推力"

第一，产业重心转移。在工业化推动下，中国城市经济快速发展，而农村发展速度相对较慢。在比较收益的作用下，农民会进城务工。同时随着工业化进程的加快，农业部门内部出现了机械代替劳动力的现象，劳动力需求量下降，部分农民进城务工。第二，农村发展相对滞

---

① 杨贞：《城镇化动力因素的主成分分析——以河南为例》，《河南农业科学》2006 年第 5 期。
② 《中国社科院发布〈中国农业转移人口市民化进程报告〉》，中国社会科学网，http://www.cssn.cn/jjx/jjx_dt/201403/t20140319_1035577.shtml，最后访问日期：2018 年 8 月 20 日。

后。① 中国经济重点由农村转移到城市之后，农民收入增长缓慢，青壮年农业劳动力流失严重。同时国家无法全面均衡城市发展与农村发展，导致农村地区存在发展机会减少、基础设施建设相对落后和农村教育软硬件设施不够完善等问题。第三，农村"空心化"问题。大量年轻农民出于增加收入、寻找就业机会和为子女提供良好的教育环境等目的，长期在外务工，留村的农民多是老幼妇，农村普遍呈现"空心化"现象。

二 研究设计

（一）研究方法

本文尝试采用案例研究法分析农民进城原因，并提出将高素质农民留在农村的方法。案例分析法与大数据分析方法相比有以下几点好处。第一，当大数据无法获得或者大数据分析方法不能对问题进行精确揭示时，运用案例分析法能够很好地替代大数据分析方法。同时案例研究既是一个数据收集的过程，也是一个现场学习的过程，还是一个亲身体验的过程。第二，案例分析法能够解决复杂的问题。现实生活中有许多现象具有复杂性和动态性，即这种现象的产生不是由一种原因导致的，而是由多种原因引起的；这种现象会随着时间的变化而不断变化。因此需要从整体上把握事物的本质，以对现象进行全方位的理解。无论是大数据分析方法还是案例分析法，其本质目的均在于揭示某种现象背后的规律。运用案例分析法研究某一案例得出一般性的规律虽然存在一定的风险，但单一案例也是大数据的一部分，也存在一般的规律性。本文的研究目的既不是解释农民工进城的全部原因，又不是提出将高素质农民留在农村的全部政策建议，而只是尝试提出一个新的研究视角，即从收入、务工惯性和教育等角度解释农民进城务工的原因，从改变农业支持方式、发展农产品冷藏加工业和发展农民专业合作社等角度提出将高素质农民留在农村的政策建议。

本文的研究思路遵循"理论—实际—理论"的路径，即 Malinowski

---

① 庄道元：《新生代农民工定居中小城镇意愿的实证分析》，《西北农林科技大学学报》（社会科学版）2016 年第 4 期。

式的"从这里出发—到那里去—再回到这里来"的方法论。①② 从理论到实际，本文在对推拉理论进行演绎推导的基础上，提出农民进城务工的分析框架；从实际到理论，本文将现场访谈调研所获得的材料，进行归纳总结，并再次验证推拉理论，同时尝试采用多维数据进行证明，即"三角测量"。③

（二）案例选择

本文以雪村的农民为研究对象。雪村是中国淮河中游地区的一个普通村落。雪村所在的乡共有9437户，有效耕地面积3.9万亩，人均耕地面积1亩。该乡有蔬菜种植的传统，2018年上半年蔬菜种植面积达到1.6万亩，占耕地面积的41.03%。该乡70%左右的土地完成了流转，其中流转到土地股份合作社的有12106亩，占31.04%。④ 从20世纪80年代开始，雪村部分农民外出务工，目前18岁以上有劳动能力的农民80%以上外出务工或就近就业，20%左右以种植蔬菜为生。

本文选择雪村作为研究对象，主要有以下几点原因。第一，有利于对推拉理论进行验证。雪村村民外出务工时间较长，较长的外出务工时间使各种影响因素相对简单，有利于识别关键因素。第二，雪村符合案例研究的典型性和普遍性。雪村的普遍性在于其作为一个发展中地区的普通农村具有其他地区农村所具有的共性特征，其典型性在于它是新四军的革命根据地，承载着中国历史上一段无法磨灭的岁月，承载着国家对老区发展的希望。第三，有利于实地调研和跟踪调研。笔者在该地参与科技服务实践活动，调研了该乡的14个行政村，与该乡政府工作人员和雪村村民等都保持着良好的沟通。长时间在该乡特别是雪村进行田野调研，有利于对雪村农民外出务工形成全面的了解，有助于保证案例研究的可信度。

---

① 王铭铭：《西方人类学思潮十讲》，广西师范大学出版社，2005，第79页。
② 潘绵臻、毛基业：《再探案例研究的规范性问题——中国企业管理案例论坛（2008）综述与范文分析》，《管理世界》2009年第2期。
③ 潘绵臻、毛基业：《再探案例研究的规范性问题——中国企业管理案例论坛（2008）综述与范文分析》，《管理世界》2009年第2期。
④ 数据来自对雪村所在乡乡长的访谈。

（三）数据来源

本文所使用的雪村的相关数据主要来源于以下四个部分。第一，参与式观察。参照费孝通[①]的研究方法，笔者作为一个旁观者直接参与到农民的工作生活过程中，研究农民行为，一方面通过观察和交谈获得相关资料，另一方面通过与农民共同劳动获得相关资料。第二，直接访谈。本文的直接访谈包括两种形式，一种是随机访谈，另一种是预定访谈。随机访谈是指在访谈过程中没有设定被访谈对象，随机寻找受访者。预定访谈是指在访谈之前确定好访谈对象和访谈提纲，就某些访谈内容进行深度访谈。预定访谈对象主要包括雪村所在县乡的副县长、乡党委书记、乡长、乡办公室主任、乡负责林果的主任、乡负责农业的主任、乡实验学校校长、雪村党支部书记和会计。第三，直接搜集书面档案资料。在获得雪村党支部书记和村民的信任之后，直接索取书面资料，其中包括村集体的收支、合作社数量、合作社收支、农业农村部固定观察点调研农户的相关数据和雪村的概况等具体数据。第四，二手数据。当地媒体对该乡和雪村土地流转、农民外出务工的相关报道数据，也作为本文研究的相关数据。

三 案例分析

（一）外出务工历程

1. 萌芽阶段

1978年，中国开始改革开放，在农村推行家庭联产承包责任制，农民获得了土地承包经营权，可以自由支配家庭劳动力，为进城务工提供了条件；在城市推行国有企业改革，并将社队企业转化为乡镇企业。扩权、减税和让利等形式的国有企业改革，推动了国有企业的发展，提高了国有企业的竞争力。社队企业转化为乡镇企业，释放了企业的发展潜力。乡镇企业以劳动密集型企业为主，对劳动力素质和技术要求低，有利于吸引农村剩余劳动力。1984年中央一号文件提出"允许务工、经商、办服务业的农民自理口粮到集镇落户"。这标志着由农村向城市

---

① 费孝通：《乡土中国》，生活·读书·新知三联书店，1985年。

流动的就业制度开始松动，劳动力由农村向城市转移不存在制度障碍，部分农民开始外出务工。

> 不记工分①了，公社也不管了，就有人出去干活了。那个时候大都上砖厂里干活，那个时候也没有厂子，不像现在到处都是厂子。我第一天干活挣了八毛四分钱，你别觉着少，那时候一毛钱能买一斤猪肉呢，那时候钱实。哪一年记不清了，那时候还没结婚，今年我儿子都31了，你说这都过去多少年了吧。（来自雪村甲村民的访谈）

改革开放初期，在城市出现了用工需求，而在农村出现了剩余劳动力，同时国家允许农村劳动力进城务工，因此农民开始"离土不离乡"地进城务工。改革开放进一步深入后，东南沿海经济快速发展。外资企业进入和私营企业发展，使东南沿海城市用工需求进一步扩大，农民进城务工的数量也越来越多。这一段时间开始出现农民"离土又离乡"地进城务工，全国范围内出现"民工潮"。

> 后来有些人就到北京、上海和广州这些地方打工。那个时候出去的人少，不像现在。也都是上小厂子里干活，乙是第一个上北京打工的，几年回来一次吧。在北京干啥不知道。得50岁了吧，他是属猴的②。他媳妇都是咱家的，他闺女还在家上的小学，初中应该在北京上的吧。（来自雪村甲村民的访谈）

> 刚开始上城里打工，上厂子里打工的多点，干建筑的少点。靠打工发家的还真没有。（来自雪村党支部书记的访谈）

1992年邓小平同志南方谈话之后，外贸企业、私营企业和乡镇企业进一步发展，非国有企业对农村廉价劳动力的需求进一步扩大，同时国家对农民进城的政策进一步放宽，使农村劳动力向城市流动进入一个新高潮。大量农民进城，导致农民与城市居民在工作机会和公共交通等

---

① 记工分是改革开放前在中国农村实行的一种绩效考核办法，按照性别和年龄评议。
② 2018年50岁左右，属猴的是1968年出生。本文尝试与该村民取得联系，但未联系上。

方面产生了竞争,"打工妹"和"打工仔"成为对进城农民的称呼。

九几年之后,不上学的就开始出去打工,不像现在这样多,一般结了婚就不出去打工了。那个时候兴①推个小车在城里卖东西。那个时候虽然让进城打工,但要办暂住证。如果没有暂住证,就要进监狱②。(来自雪村党支部书记的访谈)

2. 发展阶段

2001年,国家计委和财政部发布《关于全面清理整顿对外出或外来务工人员收费的通知》,规定从2002年开始一律取消暂住费等针对进城务工人员的收费。然而,对农民进城务工的各项限制以及对农民工的歧视依然没有改变。2003年以来,政府出台了一系列支持农民工进城务工的政策。2004年中央一号文件指出农民工是中国产业工人的一部分。这一系列关于农民工的政策使农民工进城务工和平等就业终于以法律法规的形式固定下来。

10年前,年轻人出去打工之前基本上都是先学个技术,学个厨师、理发、挖掘机什么的,很少有人直接出去干重活,有个技术最起码能多挣点钱吧。不知道啥时候,那些年龄大的都去干建筑了,建筑也不要啥学历,只要肯吃苦就行。年轻的不上学就出去打工了,年龄大的也出去打工了。到现在农村就剩下这些孩子、妇女和老人了。(来自雪村党支部书记的访谈)

3. 当前状况

(1)农民老龄化。中国正快速迈入老龄化社会,2014年人口抚养系数为36.2%,其中少儿抚养系数为22.5%,老年抚养系数为13.7%;2015年人口抚养系数为37.0%,其中少儿抚养系数为22.6%,老年抚养系数为14.3%;2016年人口抚养系数为37.9%,其中少儿抚养系数为22.9%,老年抚养系数为15.0%。2016年,中国农村地区人口抚养

---

① 兴是指流行的意思。
② 这里的监狱是指20世纪90年代在城市设立的收容所。

系数更是达到 45.38%。随着中国人口老龄化的加速,"老年农业"问题成为中国农业发展所面临的突出现实问题,而雪村的"老年农业"问题更为突出。

> 我们村年轻人①没有在家的,九成的都出去干活了;那些没有出去干活的,有在家干点啥的,有在家带孩子的,有家里有老人的。那些没有出去的,基本上都是出不去的人,能出去干活都出去干活了,谁还在家。那些年龄大的出去干活没人要,才在地里干活;那些出不去的,自己也找点活干,基本上没有在家光种地。(来自雪村党支部书记的访谈)

> 农民基本上都到城市打工了,90%的农民都出去打工了。像我这样年龄大的,都到建筑工地上打工;像你们这样年轻的,都到电子厂打工②。干农业的基本上都是打工找不到活、年龄偏大的农民,农业主要劳动力是 386061 部队(妇女、老人和儿童)。在农村的农民也是一边种地一边干点其他的,不然入不敷出。(来自该乡负责农业主任的访谈)

(2)农业边缘化。中国三大产业比重由 1978 年的 27.94∶47.88∶24.19,发展到 2000 年的 14.83∶45.92∶39.25,再到 2016 年的 8.6∶39.9∶51.6。随着中国经济的发展和工业化进程的推进,一、二、三产业在国民经济中的地位不断调整是一种正常现象。但需要注意的是农业作为国民经济的基础产业,逐渐成为中国经济的薄弱环节。在农业中最突出的表现是"谷贱伤农"和"丰产不丰收"等现象。农村劳动力进城务工为农业规模经营提供了条件,但农业土地成本居高不下,不利于农业规模经营"红利"的释放。

> 我家有 7.9 亩地,一亩地 550 块钱租给××公司了(当地的一家农业公司),前年是 750 块钱一亩,去年降到 550 块钱一亩。只靠租地的那些钱,连养老保险、医疗保险和意外保险的钱都不够,

---

① 年轻人是指年龄在 50 岁以下,没有在学校上学的劳动力。
② 该主任当年 50 岁左右,笔者当年 28 岁。

都靠上城里打工。谁在家种地呀，种地不挣钱，种地赔钱。我们村里的支书去年种了 100 多亩西瓜，下雨了，从地里拉不出来，都烂地里了。（来自雪村丙村民的访谈）

土地价格高、蔬菜价格低，销路不好，种出来的菜卖不出去。（来自雪村丁村民的访谈）

（3）农村空心化[①]。1978 年中国城镇化率为 17.92%，2000 年上升到 36.22%，2017 年达到 58.52%。2010 年以来，中国每年城镇化率均提高 1 个百分点以上。一方面，部分农民由农村流向城市导致农村"人走屋空"以及宅基地普遍存在"建新不拆旧"现象。新建房屋逐渐向村庄外围扩散，导致村庄建设用地规模不断扩大。另一方面，长年外出务工农民在宅基地上建设房屋，但家中只有老人和孩子，房屋利用率不高，造成大量房屋闲置。

儿子和儿媳妇在芜湖超市打工，老头干建筑，家里就我和大孙子。儿子和儿媳妇就过年和国庆放假的时候才回来几天，有时候国庆加班也不回来。家里就我和大孙子，盖了这 10 间好屋都不在家住，都愿出去租人家的小孬屋。（来自雪村丙村民的访谈）

当然在县里住，现在年轻的都在县城里买房子了，不为了自己，为了自己的孩子也得在县城买个房子。村里和镇上的学校教得孬。在村里有几间自己盖的，现在没人住。现在都这样，没能力就在家里盖几间房子，有能力在城里买房子。在城市买了房子，家里的房子也不能扔，那是根啊。（来自雪村戊退伍老兵的访谈）

（二）农民外出务工原因

1. 增加收入

外出务工是增加农民收入的一种有效途径[②]。农民收入由工资性收入、经营净收入、财产净收入和转移净收入等构成（见表 1）。从表 1

[①] 于水、姜凯帆、孙永福：《"空心化"背景下农村外出劳动力回流意愿研究》，《华东经济管理》2013 年第 11 期。

[②] 胡雪萍：《提高农民收入的一种有效途径：外出务工》，《农业经济问题》2004 年第 8 期。

中可以看出1978年改革开放之后农民生产积极性得到提高，经营净收入及其所占比重不断提高；90年代农业生产力得到释放，农民很难再通过增加经营净收入来增加收入，因此90年代之后农民开始进城务工，工资性收入及其所占比重不断增加。90年代中后期，雪村村民也开始外出务工。关于90年代中后期雪村村民外出打工的原因，雪村党支部书记解释道："那个时候国家允许农民到城市打工，冬天在家也没有啥事，就慢慢地出去打工挣点钱，能挣多少就挣多少呗。那些出去打工的，基本上都在建筑工地上打工，在其他地方打工的也有，就是少。"

表1 农民收入及其构成

单位：元，%

年份	人均收入	工资性收入		经营净收入		财产净收入		转移净收入	
		绝对值	比重	绝对值	比重	绝对值	比重	绝对值	比重
1978	133.57	88.26	66.08	35.79	26.79	—	—	9.52	7.13
1985	397.60	71.71	18.04	295.98	74.44	—	—	29.91	7.52
1990	686.31	138.80	20.22	518.55	75.56	—	—	28.96	4.22
2000	2253.42	702.30	31.17	1427.27	63.34	45.04	2.00	78.81	3.50
2010	5549.22	2061.25	37.14	2832.80	51.05	202.25	3.64	452.92	8.16
2016	12363.40	5021.80	40.62	4741.30	38.35	272.10	2.20	2328.20	18.83

注：1990年以前财产净收入与转移净收入未分开统计。

资料来源：《中国统计年鉴》。

2. 务工惯性

由表1可以看出，经营净收入和工资性收入都不断增长，但工资性收入的涨幅高于经营净收入的涨幅，同时1985年后工资性收入在农民人均收入中所占的比重不断增加，农民越来越重视工资性收入。

外出务工收入高于农业收入，老一代农民工外出务工提高了家庭收入，并且只要有在外务工人员的家庭基本上都解决了温饱问题。在这样的背景下，越来越多的农民选择外出务工。久而久之，农民形成了外出务工收入高于务农收入的惯性思维[①]。

---

① 周帅：《生产惯性：解读农户家庭经营的新视角——以河南省为例》，《科学经济社会》2018年第1期。

初中毕业生直接进城打工；高中毕业生一部分到技校先学个技术，再打工，另一部分也直接进城打工；只有极个别的年轻人在农村务农。（来自该乡负责农业的干部的访谈）

那些上完初中和高中就不上学的，也出去打工，地里也没啥活，有点活也用不着他。他们也不下地干活，就天天在家闲着玩。天天在家闲着玩没有事干也不是个事呀，那就出去打工吧。（来自雪村己村民的访谈）

3. 年轻农民不会种地，务农压力大

年轻农民上学期间，没有参加过农业生产，农业生产工作主要由父母承担；初中或高中毕业后就外出务工，也没有参加过农业生产。年轻农民虽然生长在农村但没有参加过农业生产，不懂农业生产规律，也没有能力从事农业生产工作。由于中国城乡二元经济结构长期存在，以及从事农业生产劳动力强度大，农民成为苦力的代表，人们从思想上不愿意让自己的孩子再戴上"农民"这顶帽子。

年轻人要不上学，要不在外面打工，基本上没有在家种地的。他们也种不了地，都不知道啥时候打药，上啥肥料。老人也不愿意让这些年轻人在家种地，只有那些没出息的人才在家种地。在地里干活也累，有些年轻人不愿意出去打工，在地里干上几天活就不愿意干了，不愿意干就只能出去打工。（来自雪村党支部书记的访谈）

他也不愿意种地，也不会种地，都快成银环①了。也不愿意让他种地，种地太累太苦。你看看那些年龄大的都劳伤、粘腰②，你们城里年龄大的有几个得这病的。这病都是年轻的时候累的。（来自雪村丙村民的访谈）

4. 农业劳动力过剩

2000年，中国农业以50%的从业人数贡献了中国GDP的14.83%，劳动生产率为3995元/人；同期美国农业以2.6%的从业人数贡献了美

---

① 银环是指在中国现代戏《朝阳沟》中的一名女知青。《朝阳沟》讲述了家在城市的银环上山下乡，参加农业生产的故事。
② 粘腰，当地方言，指驼背。感谢戊退伍老兵帮助识别。

国 GDP 的 1.2%。2016 年，中国农业以 27.7% 的从业人数贡献了中国 GDP 的 8.6%，劳动生产率为 29770 元/人，同期美国农业以 1.6% 的从业人数贡献了美国 GDP 的 1.1%。虽然中国的农业从业人口占总人口的比重由 1978 年的 70.5% 下降到 2000 年的 50%，再下降到 2016 年的 27.7%，但与美国农业从业人口相比，中国农业从业人口相对过剩。

由表 2 可以看出，中国农业机械总动力不断增加。随着农业机械总动力的增加，农业机械会替代部分农业劳动力，将部分农业劳动力从农业中释放出来。随着农业科技水平的提高，农业生产过程中不再需要高强度的劳动，农业生产环节由老年农民就可以完成，使得农业内年轻农民相对过剩。

表 2　中国农业机械拥有量

单位：万千瓦

	1978 年	1990 年	2000 年	2010 年	2015 年
农业机械总动力	11749.9	28707.7	52573.6	92780.0	111728.1

资料来源：《中国统计年鉴》。

> 我们乡是蔬果之乡，我们乡北部地区主要种植蔬菜，西南地区主要种植林果，其他地区有稻虾共养，但相对于其他地区来说少。种植蔬菜，劳动力投入相对较多，但能用机械的就用机械，因为人工成本太高，在农村一天 100 元都不好找人，像林果基本上就不需要劳动力。我们乡 30% 左右的人种地就够了，其他人外出务工就可以了。（来自该乡负责农业的干部的访谈）

> 一亩地上化肥得 100 块钱，种子费用 50 元左右，收割费用 50 元左右，我们这一年两季，一亩耕地投入 200 元。种植小麦，一亩地产量为 700 斤，小麦价格按 1 块钱一斤吧。一亩地一季能收入 500 块钱，两季能收入 1000 块钱。往外租一亩地能租五六百块钱，俺家五口人就三口人有地，总共 4 亩地，种地好的年景，能收 4000 块钱。那我为啥不出去打工呀！现在出去打工一个月能挣个三千两千的，总比种地强。再者种地比打工累多了。（来自雪村己村民的访谈）

5. 教育因素

与老一代农民相比，年轻农民受教育程度相对较高。部分年轻农民还掌握了某些专业技术，如电气焊、汽修和数控车床等技术，一部分人还接受过高等教育。他们可以凭借自己拥有的专业技术在城市获得稳定的收入，甚至能够在城市定居生活。他们在城市能够发挥他们的专业所长，在农村则很难找到专业对口的工作，因此他们不愿意回到农村从事农业生产。

农村中小学无论是师资力量，还是教育质量都低于县城中小学的水平。为了让自己的孩子接受更好的教育，部分年轻农民有了一定收入之后，就在县城买房子。随着居住环境的改变，他们从事的职业也发生了改变，由原来的务农慢慢地转向务工。这部分人也不愿意回到农村从事农业生产。

> 我儿子和儿媳妇都在浙江打工，儿子在厂里干车床，儿媳妇在公牛厂流水线上干活儿。儿子和儿媳妇都算是有点技术，像他俩这样的只能在大厂里干活儿，来家里根本找不到活儿干。前年想回家，在市里都没有找到活儿，就别说上县里找活儿了。要回来也只能等我不能动了，再回家种地吧，这就是命。（来自雪村己村民的访谈）
>
> 收入比较高的农民都重视孩子的教育，收入比较低的农民一般不太重视孩子的教育。重视孩子教育的农民，他们有一定的收入，就会把孩子往县城的学校送；不重视孩子教育的农民，才来我们这上学。你们想一想，来我们这的学生家长都不重视孩子的教育，这些孩子学习成绩能好吗？再一方面，县城重点学校到升初中的时候就来我们这儿的小学招生，都把我们乡好学苗招走了。生源不好再加上家长不重视，学生成绩自然不好，好学生自然不来；没有好学生，好老师自然也不来，没有好老师不可能教出好学生。这样就成一个循环了。这样就造成了有能力的家庭就在县城买一套房子，自己在县城找个工作，孩子在县城上学。（来自该乡实验学校校长的访谈）

四 农村如何留住高素质农民

由于农业内存在剩余劳动力，大量农民为充分利用自身职业技能和增加收入而外出务工。党的十九大报告提出实施乡村振兴战略，实现乡村振兴离不开农业发展的第一资源：高素质农民。如何培养懂农业、爱农村的高素质农民是解决"三农"问题的重中之重，如何将高素质农民留在农村是乡村振兴的关键所在，如何让高素质农民从事农业是确保国家粮食安全的重点。将农民留在农村不能靠标语，要靠有希望的农业；将农民留在农业不能靠情感，要靠农业收入的增加；让高素质农民从事农业不能靠政府的口号，要靠国家政策对农业的长期扶持。通过对雪村的研究，本文认为基层政府（或村庄）可以从以下几个方面留住高素质农民。

（一）改变政府对农业的扶持形式

目前国家对农业的支持是通过粮食直接补贴的形式进行的，但这部分补贴给予拥有耕地承包权的农民，并非给予拥有耕地经营权的农民。在雪村，拥有耕地承包权的农民与拥有耕地经营权的农民并不一定是同一个人。要改变政府对农业的扶持形式，一方面政府对粮食的直接补贴应该给予拥有耕地经营权的农民，即转入土地的农民，以降低土地流转成本，增加农民收入；另一方面政府应该以农业保险的形式进行补贴，由于农业灾害具有地区一致性，政府可以将农业保险与利润丰厚的商业保险合并，共同发包给商业保险公司。

> 现在对农业的补贴就是每年国家请农民吃顿饭，根本起不到作用。拥有土地承包权的农民拿补贴，但不种地，不能为国家提供粮食；拥有土地经营权的农民拿不到，但种地，为国家提供粮食。这种粮食补贴根本没有起到应有的作用。国家应该采取另外一种形式的补贴，即将补贴给予那些拥有土地经营权的农民。（来自该乡负责林果的干部的访谈）

> 在农村种地不挣钱，到厂子里打工才挣钱。咱们算个经济账，咱就拿收入比较高的种菜来说吧。我邻居（村民庚）就是种菜的，今年种了9.5亩[①]（种植面积和亩产情况如表4所示，本部分省略）。他两口子的蔬菜大棚是承包的村集体的，承包费一亩地一年

[①] 戊退伍老兵和村民庚认为每人种植蔬菜面积的上限为5亩。

2000 块钱。出去打工一个人一个月最少挣 2000 块钱[①]，今年他比出去打工强点。去年下雪，雪把他的大棚压塌了，都赔进去了。保险公司给赔了点钱（从村民庚及其他村民的访谈中得知村民庚没有拿到该赔偿），也无济于事呀。（来自雪村党支部书记的访谈）

表 4　雪村村民庚 2018 年上半年蔬菜种植情况

品种	种植面积（亩）	亩产（斤）	价格（元/斤）	收入（元）
黄瓜	1	7500	1.0	7500
茄子	2	5500	1.5	16500
西红柿	2	6500	0.85	11050
辣椒	1	4500	0.85	3825
西葫芦	1.5	4500	1.5	10125
豆角	2	2000	2.0	8000
合计	9.5	—	—	57000

注：种植面积和亩产来源于雪村党支部书记和村民庚，价格来源于村民庚，收入根据价格与亩产计算得出。

（二）引进农产品冷藏和深加工工业

农产品与其他产品相比，最大的区别在于供给周期和存储期。农产品供给周期相对固定并且生产周期相对较长，同时农业的生产方式多为分散式家庭经营，这种经营模式容易导致农民跟风种植。分散式家庭经营的销售方式主要是赶大集和商贩贩卖，并且农民没有能力长期储存这些农产品，很容易导致农产品滞销，农产品滞销最严重的后果之一是农民弃农。解决农产品滞销最有效的方式是引进农产品冷藏和深加工工业。冷藏工业可将暂时滞销的农产品储存起来，以期寻找时机销售，解决农产品短期滞销问题；深加工工业可对农产品进行深加工，提高农产品附加值，解决农产品长期滞销问题。引进农产品冷藏和深加工工业一

[①] 笔者计算村民庚 2018 年上半年蔬菜种植收入为 57000 元，扣除大棚承包费 2000 元/亩×9.5 亩=19000 元，种子、化肥和农药等费用 300 元/亩×9.5 亩=2850 元，村民庚 2018 年上半年收入为 35150 元。村民庚夫妇外出务工按照 2000 元/月，则收入为 2000 元/月×6 月×2 人=24000 元。由此可推出，村民庚种植蔬菜比外出务工半年多收入 11150 元，人均多收入 5575 元，人均月多收入 929.17 元，即农民从事非农产业收入超过 2929.17 元，则会从事非农产业。

是能够保证农民丰产丰收，提高农民从事农业生产的积极性；二是可延长农业产业链，为农民提供更多的就业机会，增加农民收入；三是能够增加政府税收，使政府有能力改善民生。

前年①西瓜价格不错，农民看到西瓜行情不错，就一窝蜂扎进去，结果去年种西瓜的过多，卖不出去，农民赔了钱。还有一个党支部书记种了120亩西瓜，都烂在地里了，赔了不少钱。解决这个问题最好的办法是发展农产品冷藏加工工业，只有发展加工工业才能把我们乡（消费）剩余的农产品卖到外地，也能保证我们乡农产品价格的基本稳定，这样农民才愿意种地。农产品加工工业不用多，两三家就够了；加工的农产品也不用多，四五种就够了。（来自该乡负责农业的干部的访谈）

我比较主张建蔬菜加工厂，把咱们的菜加工成产品卖出去，多卖钱呀，大家也有个活干，就不用出去打工了。有人说建了蔬菜加工厂后，其他地方的菜也就来了，其他地方的菜运过来也要钱，咱们多挣了一个运费呀。其他地方的菜都来也是好事，咱再建厂子，咱不怕菜多，就怕菜少。山东潍坊有句话，没有在潍坊买不到的菜，没有在潍坊卖不出去的菜。（来自雪村党支部书记的访谈）

（三）大力发展生态经济

雪村所在乡正在打造生态绿岛，主打生态健康品牌。乡政府与最近的旅游度假区直线距离为22.7公里，自驾车程为30分钟。乡政府（或雪村）在度假区与本乡（或本村）之间开辟了直达公交线路，将度假区的游客引入本地。乡政府（或雪村）可以通过以下三个方面吸引游客。一是建设儿童农家乐园。孩子对水和泥巴感兴趣，对赏红叶、赏荷花和湿地并不感兴趣；而家长最关心的是孩子的安全，因此该乡政府（或雪村）可以凭借水资源丰富的优势建设儿童农家乐园吸引游客。二是该乡的非物质文化遗产——洪武花棍舞。通过娱乐教学让游客白天参与洪武花棍舞的活动，晚上住在原汁原味的农村院落"共享村落"。三

---

① 笔者调研年份是2018年，去年是指2017年，前年是指2016年。

是该乡正在打造"绿柳之乡"和"生态绿岛",可以借这一契机发展养老产业。虽然养老产业是针对老年人的行业,但在中国却是一个朝阳产业。

> 我们乡正在打造生态绿岛,我们不允许有污染的企业进入我们乡,同时我们还关停了存在污染的40多家企业。为了改善农村的生态环境,我们乡还建了农村污水处理厂。我们一直坚信青山绿水就是金山银山,一直坚持生态为主、经济为辅。我们乡的企业以劳动密集型企业为主,将土地流转出去的农民在企业务工,月收入能够达到3000元。(来自该乡办公室主任的访谈)

> 我们一直坚持发展生态经济,一直想把我们村与东边的旅游度假区联系起来,也分他们一杯羹。他们吃肉,我们喝汤也行呀。还有一个是我们村应该牢牢抓住养老产业,农民进城务工,农村会留下大量的老人,这些老人就是我们的事业。他们的孩子没有时间或精力照顾他们,我们通过养老机构来照顾他们。如果有可能,我们也走出去,吸引外面的老人来我们这儿养老。(来自雪村会计的访谈)

(四)发展农产品电商,解决销售难题

农民合作社在财产所有权不变的前提下,把一家一户的农民联合起来,通过在生产资料购买、农业技术服务和农产品加工销售等环节合作经营,达到降低生产成本的目的。雪村的农民合作社的运作模式是:将一家一户农民的耕地以750元/亩流转到合作社,由合作社建设蔬菜大棚,以2000元/亩租赁给农民。然而,雪村的合作社在生产资料购买、农业技术服务和农产品加工销售过程中没有起到应有的作用。该乡也开设了京东和淘宝网店,但京东和淘宝网店主要的任务是收快递和购买日常生活用品,并销售本地区的农产品。通过调研,笔者发现目前农民最大的困难是农产品销售问题,因此可以成立关于农产品销售的专业合作社,通过网络、农超对接和品牌销售等形式将农产品直接销售出去。

> 农民不愿意种地,很大的原因是种出来的东西卖不出去。有些村开网店,搞农超对接,咱们村这些都搞不起来。咱们村种地的基

本上都是年龄大的,他们都不会上网;农超对接,人家也不和咱们搞呀,说咱们的规模小。大家都知道种菜累,但咱们村的人不怕这个,就怕降价。咱们村有一个人(雪村辛村民)种茄子,人家看好他的茄子了,说1块钱一斤,让送到县里。送到县里说茄子不合格,8毛钱一斤。他一生气把茄子倒沟里了,回来再也不种菜了,就出去打工了。(来自雪村党支部书记的访谈)

最大的困难就是种出来的菜卖不出去,卖出去也卖不了好价钱。我们不怕累,就怕菜卖不出去。有人来大棚里收菜,还有就是去赶大集卖菜,只能这样卖菜,还能怎么卖菜呀,也有在网上卖菜的,咱不会上网呀。(来自雪村庚村民的访谈)

种菜也卖不出去,还不如出去打工。俺在县里一个家具厂干活,比种菜轻巧①多了,干六天歇一天。一个月挣3000块钱。愿意种菜。②(来自雪村辛村民的访谈)

(五)发展农村教育,提高农民素质

人才资源是中国农业发展的第一资源。人才资源的挖掘需要靠教育。一方面需要对成年农民进行农业实用技术培训,提高成年农民的农业技术水平,进而提高农产品质量。对农民的培训不仅要涉及农业法律法规,更要涉及农业实用技术,包括良种选择、新型农业机械使用、化肥和农药使用等。另一方面需要加大对农村中小学教育的支持力度,提高农村中小学的教育质量。农村中小学的学生是中国农业发展的未来,是中国未来的新型职业农民。提高农村中小学的教育质量,也能够避免部分农民为追求高质量的教育而被迫进城。

现在农民培训基本上就是个形式,讲法律、宣传政策、讲理论,说实在的这些俺们都不太关心。俺们想知道哪个辣椒的品种好、俺的地种哪种辣椒最好,为啥别人家的菜长得比俺的大、比俺的甜,那些有机蔬菜和无公害蔬菜是怎么种出来的?这些他们

---

① 轻巧,当地方言,指工作不累。感谢戊退伍老兵帮助识别。
② 笔者问:"如果菜好卖了,您还愿意种菜吗?"雪村辛村民沉思良久回答道:"愿意种菜。"

都不给俺们讲，只讲建议种有机蔬菜和无公害蔬菜，这些俺也知道，但就是不知道怎么种出来，也没有人给讲。（来自雪村壬村民的访谈）

小伙子，上那些课根本没有用，他们也不知道怎么种地，就知道照着书本念。（来自雪村辛村民的访谈）

刚刚退伍的时候，想开淘宝店，但不知道怎么开，后来有个来做网络培训的，一打听他自己都没开过淘宝店，这不胡扯吗？（来自雪村戊退伍老兵的访谈）

当前农村中小学教育设施与县城中小学教育设施基本相当，要留住优秀中小学生，必须留住优秀教师。留住优秀教师必须解决教师的住房问题、工资待遇问题和婚姻问题，让那些教师能够有房住，工资待遇与县城无差异，还要解决婚姻问题。只有教师把家安在我们县，才能把心安在我们学校。我们不要求教师把家安在我们乡。将优秀的老师留在农村中小学，自然会将优秀的中小学生留在农村。要用学校的品牌留住老师和学生，而不是用情感留住老师和学生。（来自该乡实验学校校长的访谈）

五 结论

农民外出务工一方面促进了土地流转，另一方面导致了农民老龄化、农业边缘化和农村空心化，给中国农业经济发展带来一定的阻碍。在全面建成小康社会决胜期，党的十九大报告提出乡村振兴战略，无论是全面建成小康社会还是实施乡村振兴战略，都需要坚持农民主体地位。只有培养懂农业和爱农村的高素质农民，才能把中国人的饭碗牢牢端在自己的手中，才能确保国家粮食安全。

雪村的案例研究表明，农民由农村向城市流动是经济社会发展的必然结果；农民进城务工不仅为了增收，而且为了让子女获得更好的教育等。因此将高素质农民留在农村，一是需要改变政府对农业的扶持形式；二是需要引进涉农工业，延长农业产业链，创造更多的就业机会；三是发展农民专业合作社，实现农业规模经济；四是发展农村教育，提高农民素质，解决农业科技最后一公里问题。唯有如此，才能将30%

懂农业、爱农村的高素质农民留在农村从事农业生产，乡村才能振兴①。无论是在农村生活的农民，还是在城市生活的农民，都能够实现"老有所依，幼有所教，妇有温情"，全面建成小康社会的目标才能实现。

（责任编辑：樊祥成）

---

① 该乡负责农业的干部认为可以让30%懂农业、爱农村的农民留在农村从事农业生产，70%的农民转移到城市。

农药使用道德风险的影响因素：基于菜农农药安全间隔期执行视角*

姜 健 王绪龙**

摘　要　本文利用对辽宁省396户蔬菜种植户的实地调查数据，实证分析了菜农使用农药过程中道德风险发生的影响因素。实证结果显示，影响菜农道德风险发生的因素主要有售前检测、宣传培训、价格因素、邻里效应、合作组织等。基于此，本文认为相关政府管理部门应发挥相应的管理职能，提高组织化程度，发挥组织的作用，同时完善蔬菜市场体系。

关键词　菜农　道德风险　安全间隔期

菜农在蔬菜种植过程中不遵守农药安全间隔期规定，将导致蔬菜农药残留超标，引发蔬菜质量安全危机。探讨菜农农药使用过程中道德风险①发生的影响因素，对提高蔬菜质量安全水平具有重要的现实意义。本文首先从理论上分析探讨菜农道德风险发生的原因及其影响因素，然

---

* 本文为辽宁省社科规划基金项目"辽宁省蔬菜质量安全管理体系研究"（编号：L18BGL012）成果。

** 姜健（1980~），天津电子信息职业技术学院经济与管理系，讲师，管理学博士，主要研究领域为农户行为、电子商务。王绪龙（1978~），渤海大学管理学院，副教授，管理学博士，主要研究领域为农户行为、农业产业组织与管理。

① 在经济学中，道德风险是指"在信息不完全情况下，由隐藏行动造成的一些交易参与人行为变得不道德、不合理并损害其他交易人利益的情况"。本研究中的道德风险是指菜农能够认识到违反农药安全间隔期规定可能产生的危害性后果，但在农药使用过程中仍出现违反农药安全间隔期规定行为的情况。

后利用对辽宁省396户蔬菜种植户实地调研的数据，验证菜农使用农药过程中道德风险发生的影响因素，揭示道德风险发生的规律，进而为政府制定相关的政策提供参考。

一 研究假设与研究设计

（一）研究假设

作为理性经济人，菜农在生产过程中会追求自身收益最大化。菜农是否会违反农药安全间隔期规定发生道德风险，取决于其施药行为带来的后果。一般来说，如果菜农遵守农药安全间隔期规定规范使用农药，未发生道德风险，会得到邻居尊敬等内心宽慰、安全蔬菜的高价格等。如果菜农违反农药安全间隔期规定违规使用农药发生道德风险，其会获得额外收益，但也会遭受内心的谴责、违规行为被抓后缴纳罚金等。因此，菜农是否发生道德风险，主要受政府规制、市场因素、组织监督、邻里效应等因素的影响。

黄祖辉等[①]指出，农户用药的安全性、是否执行农药安全间隔期规定在很大程度上受不同政策的影响。杨天和[②]研究表明，通过政府规制，可以对农户的施药行为进行监督与规范。赵建欣和张忠根[③]、冯忠泽和李庆江[④]通过研究发现，对农产品进行农药残留检测可规范农户的用药行为。陈雨生等[⑤]发现，技术因素对农户有机农产品种植具有显著影响。赵佳佳等[⑥]通过研究发现，农户的安全生产行为受到技术培训的

[①] 黄祖辉、钟颖琦、王晓莉：《不同政策对农户农药施用行为的影响》，《中国人口·资源与环境》2016年第8期。

[②] 杨天和：《基于农户生产行为的农产品质量安全问题的实证研究》，博士学位论文，南京农业大学，2006。

[③] 赵建欣、张忠根：《农户安全农产品生产决策影响因素分析》，《统计研究》2007年第11期。

[④] 冯忠泽、李庆江：《农户农产品质量安全认知及影响因素分析》，《农业经济问题》2007年第4期。

[⑤] 陈雨生、孙圆圆、李中东：《渔户地理标志水产品生产行为及其影响因素研究——基于Heckman样本选择模型的分析》，《中国海洋大学学报》（社会科学版）2017年第5期。

[⑥] 赵佳佳、刘天军、魏娟：《风险态度影响苹果安全生产行为吗——基于苹果主产区的农户实验数据》，《农业技术经济》2017年第4期。

显著影响。吴林海等[①]、周洁红[②]认为，参加培训的农户可获得更系统、更全面的农药残留认知，因此对农户进行直接的生产安全培训的效果会更好。结合菜农农药使用的特点，基于其他学者的研究成果，本文提出以下研究假设。

假设 H_1：政府规制对菜农道德风险的发生有负向影响，通过政府规制，可降低道德风险发生的概率。

王常伟[③]认为，农户农药使用行为受到市场环境的影响。麻丽平和霍学喜[④]通过研究发现，政府、市场、组织等因素都会影响农户的农药使用行为。谢旭燕[⑤]发现，如果生猪养殖户将生猪销售给私人屠宰场，则更倾向于违反兽药休药期规定。代云云和徐翔[⑥]指出，农户是否遵守农药安全间隔期规定，取决于收购方的检测力度与频率、销售渠道、责任追溯能力、惩罚力度等，加大收购方的检测力度与频率、提高责任追溯能力、加大惩罚力度，可有效规范农户的农药使用行为。姜太碧[⑦]发现，"邻里效应"显著影响农户的施肥行为。姚瑞卿和姜太碧[⑧]则利用博弈收益矩阵发现，农户会受邻里的影响而改变自己的生产与经营方式。麻丽平[⑨]指出，农户使用农药过程中，周围其他农户会正向影响其施药行为。王学婷等[⑩]通过研究发现，农户的技术采纳意愿会受到邻里

[①] 吴林海、侯博、高申荣：《基于结构方程模型的分散农户农药残留认知与主要影响因素分析》，《中国农村经济》2011 年第 3 期。

[②] 周洁红：《农户蔬菜质量安全控制行为及其影响因素分析——基于浙江省 396 户菜农的实证分析》，《中国农村经济》2006 年第 11 期。

[③] 王常伟：《基于生产经营主体激励视角的食品安全问题研究》，博士学位论文，上海交通大学，2014。

[④] 麻丽平、霍学喜：《农户农药认知与农药施用行为调查研究》，《西北农林科技大学学报》（社会科学版）2015 年第 5 期。

[⑤] 谢旭燕：《生猪养殖户兽药使用行为的影响因素研究》，硕士学位论文，江南大学，2016。

[⑥] 代云云、徐翔：《基于收购方角度的农户道德风险分析——以江苏省安全蔬菜种植户生产行为为例》，《现代经济探讨》2011 年第 7 期。

[⑦] 姜太碧：《农村生态环境建设中农户施肥行为影响因素分析》，《西南民族大学学报》（人文社科版）2015 年第 12 期。

[⑧] 姚瑞卿、姜太碧：《农户行为与"邻里效应"的影响机制》，《农村经济》2015 年第 4 期。

[⑨] 麻丽平：《苹果种植户安全生产行为研究》，博士学位论文，西北农林科技大学，2017。

[⑩] 王学婷、何可、张俊飚等：《农户对环境友好型技术的采纳意愿及异质性分析——以湖北省为例》，《中国农业大学学报》2018 年第 6 期。

效应的正向影响。Conley & Udry①研究农户人际关系信息时发现，农户的肥料使用行为受到生产率更高同伴的显著影响。廖俊和漆雁斌②则指出，农户的安全生产行为受到邻里示范效应的显著影响。基于上述学者的研究成果，本文提出以下研究假设。

假设 H_2：市场因素对菜农道德风险的发生有负向影响，通过市场因素，可降低道德风险发生的概率。

农产品的农药残留直接影响组织的经济利益，因此组织会对农户的农药使用行为进行监管，影响农户的农药使用行为③④⑤。黄祖辉等⑥研究发现，茶农的安全生产行为受到行业协会、茶叶企业的显著影响。基于上述学者的研究成果，本文提出以下研究假设。

假设 H_3：组织对菜农道德风险的发生有负向影响，通过组织，可降低道德风险发生的概率。

（二）研究设计

1. 数据来源

本文所用数据来自对辽宁省蔬菜种植户的调查。回收问卷430份，剔除无效问卷后得到有效问卷396份。

2. 菜农道德风险测度

根据道德风险的定义，本文判断菜农在农药使用过程中是否发生道德风险，取决于两个条件：一是菜农对不遵守农药安全间隔期规定的危害性有认知；二是菜农在使用农药过程中，确实发生了违反农药安全间隔期规定的行为。因此对菜农道德风险进行测度，一方面测度菜农对农

---

① T. G. Conley, C. R. Udry, "Learning about a New Technology: Pineapple in Ghana," *The American Economic Review* 1(2010): 35 – 69.
② 廖俊、漆雁斌：《合作社引导、邻里示范与农户安全生产行为》，《江苏农业科学》2017年第19期。
③ 赵佳佳、刘天军、魏娟：《风险态度影响苹果安全生产行为吗——基于苹果主产区的农户实验数据》，《农业技术经济》2017年第4期。
④ 方秋平、代云云、徐翔：《基于组织视角的安全蔬菜生产者道德风险分析——以江苏省为例》，《南京农业大学学报》（社会科学版）2011年第1期。
⑤ 王常伟、顾海英：《市场VS政府，什么力量影响了我国菜农农药用量的选择?》，《管理世界》2013年第11期。
⑥ 黄祖辉、钟颖琦、王晓莉：《不同政策对农户农药施用行为的影响》，《中国人口·资源与环境》2016年第8期。

药安全间隔期的认知状况,另一方面测度菜农是否违反农药安全间隔期规定,发生违规用药行为。

(1) 菜农对农药安全间隔期的认知状况。本文参考王绪龙开发的信息能力测度量表及苑春荟等①开发的农户信息素质测度量表,同时结合具体研究目标,开发菜农对农药安全间隔期认知状况的测量选项。测度认知状况时,采用因子分析降维的方式求出菜农的认知能力综合得分,以平均分为界,将高于平均分的菜农视为有认知能力,将低于平均分的菜农视为无认知能力。认知能力测度结果显示,224 名菜农有认知能力,172 名菜农无认知能力。

(2) 菜农道德风险发生状况。①菜农遵守农药安全间隔期规定情况。从调查数据看,在被访的 396 名菜农中,236 人遵守了农药安全间隔期规定,占比 59.60%;160 人未遵守农药安全间隔期规定,占比 40.40%。②菜农道德风险测度。对菜农道德风险进行测度时,将菜农对农药安全间隔期的认知与安全间隔期规定遵守情况进行交互分析。根据道德风险的定义,那些既有认知能力又发生违反安全间隔期规定行为的菜农被认定为发生了道德风险。测度结果显示,对农药安全间隔期有认知能力的 224 名菜农中,有 65 名菜农未遵守安全间隔期规定,发生了道德风险。

3. 变量设定

(1) 被解释变量:菜农道德风险 (FX)。本研究的被解释变量为菜农在对不遵守农药安全间隔期规定行为的危害性有认知的情况下仍然违反安全间隔期规定发生的道德风险。根据前文的测度,224 名对安全间隔期有认知的菜农中,65 名菜农未遵守安全间隔期规定,发生了道德风险。

(2) 解释变量。本研究的解释变量主要包括政府、市场、组织三方面,具体如下。

售前检测 (JC)。相关部门通过对蔬菜进行售前检测,可以有效检测出蔬菜质量安全情况,因此对菜农是否遵守农药安全间隔期规定具有监督、规范的作用。设置"蔬菜上市前,是否有部门进行农药残留检

---

① 苑春荟、龚振炜、陈文晶等:《农民信息素质量表编制及其信效度检验》,《情报科学》2014 年第 2 期。

测"这一问题进行考察。

种植监管（JG）。相关部门在蔬菜采收上市前，对菜农农药使用行为进行监管，可有效规范菜农的用药行为，防范其道德风险的发生。设置"是否有相关部门在种植过程中对农药使用行为进行监管"这一问题进行考察。

处罚程度（CF）。菜农不遵守农药安全间隔期规定，一方面是出于侥幸心理，另一方面主要是因为现实中即使违规用药被抓，受的处罚也不严厉，导致很多菜农为了追逐高利润而违反农药安全间隔期规定，发生道德风险。设置"如果违规用药被发现，处罚是否严厉"这一问题来考察。

宣传培训（PX）。政府相关部门可以通过对菜农宣传培训农药使用方法与技能，提高菜农安全生产意识，进而降低其违规用药发生道德风险的概率。利用"是否有相关部门宣传培训农药使用方法与技能"这一问题来考察。

价格因素（JQ）。菜农种植蔬菜的最终目的是追逐利润，因此在农药使用过程中，会遵循利益最大化原则。如果遵守农药安全间隔期规定，生产出优质蔬菜可以卖更高的价格，获得更大的收益，菜农势必会遵守这一规定，不发生道德风险。因此利用"您认为绿色安全蔬菜是否可以卖上好价钱"这一问题来考察。

邻里效应（LL）。菜农在生产经营中的农药使用决策行为受周围菜农农药使用行为很大的影响。菜农所处的外部环境可在很大程度上影响其道德风险的发生，因此利用"村里其他菜农遵守安全间隔期规定的比例"这一问题来进行考察。

合作组织（ZZ）。组织的经济收益与蔬菜的质量安全直接挂钩，因此农业合作组织会对其组织内的菜农进行监督、指导、培训等，以提高其规范使用农药的意愿与能力，降低其道德风险发生的概率。故采用"您是否加入了农业合作组织（合作社）"这一问题进行考察。

销售合同（HT）。如果菜农与蔬菜分销商签订了合同或者收购协议，那么意味着蔬菜的销路得到保障、菜农的经济收入得到保障，同时意味着一旦蔬菜质量安全存在问题，蔬菜分销商就可通过销售合同追溯到菜农。因此，签订销售合同的菜农违反农药安全间隔期规定，发生道德风险的概率会降低。故设置"您销售的蔬菜，是否签订了销售合同"

这一问题进行考察。

（3）控制变量。本研究的控制变量主要选择年龄（NL）、性别（XB）、受教育程度（JY）、种植面积（MJ）、种植年限（NX）等（见表1）。

表1 变量含义及统计特征

类别	变量名称	解释	均值	标准差
被解释变量	FX	发生道德风险=1；没发生=0	0.164	0.371
政府规制	JC	有检测=1，否=0	0.328	0.470
	JG	有监管=1，否=0	0.525	0.500
	PX	有宣传培训=1，否=0	0.497	0.500
	CF	处罚：非常不严厉=1；比较不严厉=2；严厉=3；比较严厉=4；非常严厉=5	2.245	1.221
市场因素	JQ	绿色安全健康蔬菜可以卖上价钱=1，否=0	0.707	0.456
	LL	其他菜农执行间隔期规定的比例：15%以下=1；15%~30%=2；30%~45%=3；45%~60%=4；60%以上=5	2.580	1.389
农业合作经济组织	ZZ	加入组织=1，否=0	0.361	0.481
	HT	签订销售合同=1，否=0	0.141	0.348
个人特征	MJ	实际种植面积	4.740	5.454
	NX	实际种植年限	12.960	7.411
	XB	男=1，女=0	0.580	0.494
	NL	实际年龄	47.790	9.459
	JY	小学及以下=1；初中=2；高中=3；大专及以上=4	1.753	0.612

资料来源：通过调研数据整理。

4. 模型选择

菜农道德风险的发生并不是由单一因素影响的，故本研究采用多元回归分析方法进行实证分析。具体计量模型如下：

$$PHIMH_j = \alpha + \sum \beta_{ij} X_{ij} + \sum \gamma_{ij} Z_{ij} + \varepsilon_j$$

其中，$PHIMH_j$为被解释变量；X_i为解释变量，包括政府、市场、组织等；Z_i为控制变量，包括年龄、性别、教育程度、种植年限、种植面积等。

二 菜农道德风险的实证分析

对计量模型进行回归分析，采用 OLS 线性概率回归和 Logit 模型回归，结果如表 2 所示。

表 2 菜农道德风险影响因素的模型参数估计

解释变量	(1) Logit	(2) Logit	(3) OLS	(4) OLS
JQ	-0.776** (0.321)	-0.756** (0.312)	-0.114*** (0.041)	-0.111*** (0.041)
LL	-0.349** (0.138)	-0.338** (0.133)	-0.041** (0.016)	-0.041** (0.016)
ZZ	-0.936** (0.388)	-0.712* (0.373)	-0.090** (0.039)	-0.069* (0.039)
HT	-0.211 (0.561)	-0.136 (0.548)	-0.009 (0.055)	-0.003 (0.054)
JC	-1.109** (0.457)	-0.918** (0.436)	-0.100** (0.046)	-0.083** (0.045)
JG	-0.193 (0.356)	-0.250 (0.349)	-0.024 (0.043)	-0.029 (0.043)
PX	-0.862*** (0.329)	-0.918*** (0.318)	-0.097*** (0.036)	-0.104*** (0.036)
CF	-0.571 (0.386)	-0.542 (0.375)	-0.052 (0.041)	-0.054 (0.041)
FX	-1.095*** (0.408)	-1.145*** (0.398)	-0.114*** (0.039)	-0.122*** (0.039)
XB	-0.267 (0.311)		-0.032 (0.036)	
NL	-0.005 (0.018)		-0.001 (0.002)	
JY	0.617** (0.259)		0.071** (0.031)	
NX	0.044** (0.021)		0.006** (0.003)	
MJ	-0.023 (0.038)		-0.002 (0.003)	
常数项	-1.782 (1.203)	-0.645 (0.437)	0.188 (0.140)	0.321*** (0.057)

续表

解释变量	（1）Logit	（2）Logit	（3）OLS	（4）OLS
调整 R^2	0.193	0.1563	0.125	0.111
样本量	396	396	396	396

注：***、**、* 分别表示1％、5％、10％显著性水平。

通过回归结果可知，政府、市场、组织显著影响菜农道德风险发生的概率，具体分析如下。

第一，政府方面。售前检测在四个模型中均在5％的水平上显著，且符号为负，说明加强对蔬菜进行售前检测，可降低菜农道德风险发生的概率，符合对其预期。种植监管和处罚程度在四个模型中均不显著，不具有统计学意义，但符号为负，可能的原因是当前政府在"菜篮子工程"下，更注重的是农户增收、蔬菜保障供应，对蔬菜质量提升的诉求并不太强烈。这从另一个侧面说明当下监管流于形式，加之菜农小规模分散经营的特点，种植监管并未落到实处。宣传培训可以显著降低菜农道德风险发生的概率。

第二，市场方面。价格因素在四个模型中均为负，且分别在1％和5％的水平上显著，说明如果菜农认为绿色健康安全的蔬菜可以卖上好价格，那么为了追逐高价格，菜农会规范使用农药，不发生道德风险。邻里效应在四个模型中都在5％的水平上显著，且符号为负，即身边人遵守农药安全间隔期规定的越多，菜农违规用药发生道德风险的可能性越小。

第三，组织方面。合作组织对菜农道德风险的发生具有显著影响且符号为负，说明加入合作组织的菜农发生道德风险的可能性会较小。销售合同对菜农道德风险的发生不具有显著影响，并没有统计学意义，但符号为负。可能的原因是，与菜农签订销售合同的蔬菜分销商等并不自己食用蔬菜，而是将其转卖获利，且签订的销售合同更多的是数量合同而非质量合同，中间商和菜农关注的是蔬菜产量而非质量。因此，销售合同并没有显著影响菜农道德风险发生的概率。

第四，控制变量方面。受教育程度与种植年限显著影响菜农道德风险的发生，且符号为正，可能的原因是种植年限越长，受教育水平越高，菜农越有自己的主见并形成农药使用的习惯，越易不遵守安全间隔期规定，发生道德风险。

三 结论与建议

本文借助 OLS 线性概率回归和 Logit 模型回归，对菜农道德风险进行研究。研究结果表明，售前检测、宣传培训、价格因素、邻里效应、合作组织、受教育程度与种植年限显著影响菜农道德风险的发生，而种植监管、处罚程度、销售合同、性别、年龄、种植面积等变量对菜农道德风险发生的影响并不显著，不具备统计学意义。

基于上述结论，相应的政策建议如下。（1）在防范菜农道德风险过程中，相关政府管理部门应发挥相应的管理职能，一方面，加大农药残留检测力度、加强蔬菜质量安全追溯体系建设；另一方面，继续加强对菜农农药使用的技术指导，完善菜农诚信体系，将菜农农药使用信息录入该体系之中，并通过相关渠道公布，将菜农道德风险行为实时传递给收购商、消费者等利益相关者，变信息不对称为信息对称，以有效降低菜农道德风险发生的概率。（2）提高组织化程度，发挥组织的作用。菜农小规模分散经营的特点，导致政府对菜农农药使用行为的监管与检测难度加大，因此应提高菜农的组织化程度，发挥合作组织在规范农药使用行为方面的作用。（3）完善蔬菜市场体系。如果消费者分辨不出蔬菜质量安全状况，那么菜农违规使用农药发生道德风险的可能性就会加大，因此应完善蔬菜市场体系，建立优质优价的市场价格机制，增加市场信息透明度，用信誉机制和价格机制来规范菜农农药使用行为，降低其道德风险发生的概率，提高蔬菜质量安全水平。

（责任编辑：樊祥成）

禀赋效应与地权征收心理溢价：机制分析、数据检验与治理路径

初 虹 李嘉凌 吴心湄*

摘 要 土地问题是"三农"问题的核心，而土地征收制度一直是农村土地研究关注的热点问题。本文针对禀赋效应所带来的土地心理溢价，运用实验经济学基本理论，通过在山东省S县获取的真实数据，实证分析禀赋效应在农地产权征收方面的影响。结果表明，与禀赋效应理论相契合，住房居住时间对房屋出售心理价格有显著的正向影响。为了印证并推广通过调研数据得出的结论，我们进一步使用"中国综合社会调查（2006）"数据进行了稳健性分析，得出了相同的结论。根据上述结论，我们借鉴S县实地治理中的经验，提出了土地征收方面的建议和解决路径。

关键词 土地征收 禀赋效应 心理溢价

引 言

土地制度是国家的基础性制度，农村土地制度改革是国家大事。随着农业现代化改革的不断深入和实践的不断发展，现行农村土地征收制度与社会主义市场经济体制不相适应的问题日益显现。但是，要实现工

---

* 初虹（1998~），山东财经大学财政税务学院，经济研究中心研究助理，主要研究领域为税收学。李嘉凌（1999~），山东财经大学经济学院，经济研究中心研究助理，主要研究领域为经济学。吴心湄（1999~），山东财经大学会计学院，经济研究中心研究助理，主要研究领域为会计学。

业化和提高城市化率，农村农用地不断转化为城市建设用地是一个不可避免的自然历史过程。

中国《宪法》规定了有关土地的基本制度，"国家为了公共利益的需要，可以依照法律规定对土地实行征收或者征用，并给予补偿"。因此，中国城乡之间的土地流转主要通过征收来实现。随着经济社会的高速发展，中国全面建成小康社会即将实现，农村土地征收带来的问题也逐渐变得更加直接。农村在资源配置方面的问题，尤其是宅基地和住房分配方面的问题也日益增多。这些问题产生的一个重要缘由是征收方与被征收者的定价思路存在差异。具体说，就是征收方希望通过理性的市场定价解决，而被征收者更加强调主观心理价格，两种思路的差异导致了二者很难在纯粹的市场交易中达成一致。由此，我们尝试通过新思路去理解新时期中国农村宅基地和住房方面的问题，这就需要从行为经济学（behavioral economics）和实验经济学揭示出的心理特征角度加以深入分析。

中国农情复杂而特殊，学术界引入禀赋效应（endowment effect）理论来分析与土地有关的问题，对中国来说非常合理。通过调研，我们进入乡村、走进社会，对真正拥有宅基地和住房的居民进行深入访谈，探寻他们对自己的住房是否具有禀赋效应和这种真实情景下影响禀赋效应的因素，从而增加禀赋效应研究的实用性，同时为地权理论的发展提供支撑。在实用性方面，本文运用行为经济学的方法，对中国当前城乡间的土地征收制度进行研究。根据禀赋效应理论，揭示这种流转机制所导致的效率损失和引发情绪事件的机理，从而针对当前的主要矛盾，提出土地流转和征收机制方面的对策建议，有助于促进经济持续发展和社会稳定和谐。

本文基于山东省E市S县6个村庄的实地调研数据，通过OLS方法实证分析了农户的禀赋效应。为了进一步验证结果的稳健性，我们又以"中国综合社会调查（2006）"数据为依托进行检验，旨在发现农户禀赋效应对农地产权征收价格的影响。

一 文献综述

（一）禀赋效应的影响因素研究

禀赋效应是指个体出让某项物品所需的补偿（willing to accept,

WTA）高于为得到此项物品而愿意支付的金钱（willing to pay，WTP），即与未拥有某项物品相比，个体对拥有的某项物品的评价会大大提高。衡量禀赋效应的最重要的方法是 WTA/WTP①。

Thaler 通过举例首次引入禀赋效应这一概念，并将其定义为"为放弃某种东西所需要的补偿多于得到此种东西所付出的代价"，用来解释 WTA 和 WTP 之间的差异②。禀赋效应作为一种相对稳定的个体偏好③，在行为经济学中极为普遍，目前大量的研究已经证实这一现象的存在。Samuelson 和 Zeckhauser 将这一现象称为"安于现状偏差"（status quo bias），并通过"经济学家的酒"这一经典的案例进行分析④。

影响禀赋效应的因素有很多，学术界对此的探讨也相对丰富，并且多倾向于心理角度。Carmon 和 Ariely 从交易物品认知角度（cognitive perspective）分析了卖家给出卖价更高和买者给出买价更低差异的原因⑤。个体估价会受到动机影响，因此在估价过程中表现出来的禀赋效应也会受到动机的影响。Liberman 等的研究表明，预防定向（prevention focus）和促进定向（promotion focus）对禀赋效应的影响不同⑥。对物品的主观定价容易受到情绪的影响，因此情绪也是影响禀赋效应的重要因素之一。交易物品的特征不同，个体对不同物品表现出的禀赋效应也不同。

尽管大部分初始研究来自实验经济学，但禀赋效应绝非仅存在于理论和想象之中。董志强和李伟成研究认为禀赋效应和自然产权现象是同

---

① 由于本次调研的范围限于山东省 E 市 S 县下辖的几个乡镇，各乡镇农村宅基地的具体情况相差不大，所以可以认为乡村房屋的客观价值相差不大。在这种情况下，对主观价值进行分析就等于对禀赋效应进行分析。
② Richard Thaler, "Toward a Positive Theory of Consumer Choice," *Journal of Economic Behavior and Organization* 1(1980): 39 – 60.
③ D. Kahneman, L. Knetsch, "The Endowment Effect, Loss Aversion, and Status Quo Bias," *Journal of Economic Perspectives* 5(1991): 193 – 206.
④ W. Samuelson, R. Zeckhauser, "Status Quo Bias in Decision Making," *Journal of Risk and Uncertainty* 1(1988): 7 – 59.
⑤ Z. Carmon, D. Ariely, "Focusing on the Forgone: How Value Can Appear So Different to Buyers and Sellers," *Journal of Consumer Research* 27(2000): 360 – 370.
⑥ N. Liberman, J. Förster, "Distancing from Experienced Self: How Global-versus-local Perception Affects Estimation of Psychological Distance," *Journal of Personality and Social Psychology* 97(2009): 203 – 216.

步产生的，绝大部分情况下，存在禀赋效应的个体将占据自然产权①。在有关禀赋效应和产权的研究中，将土地产权作为研究对象最符合基本假设。

钟文晶和罗必良通过对广东省38个自然村的入户问卷调查，验证了中国农村农地流转中禀赋效应的存在，并且揭示了农地流转抑制的内在机理②。陈通等以禀赋效应为中介变量，得出了相同结论③。胡新艳和杨晓莹认为，上述研究均以农户为研究对象，并不符合禀赋效应个体判断的基本逻辑，因此她们以农民个体为研究对象，归纳出农地流转过程中禀赋效应的分析框架④。国内研究者对于土地权利禀赋效应的探讨占据了禀赋效应研究的主流⑤⑥⑦⑧⑨⑩。

（二）国内学者对土地流转和征收机制的研究

开始于20世纪70年代末的家庭联产承包责任制对农民的激励作用于80年代末开始逐渐消耗殆尽⑪。农地经营的细碎化⑫和农村地权的不确定等因素，严重阻碍了中国农村现代化的发展进程。农地流转则被认

---

① 董志强、李伟成：《禀赋效应和自然产权的演化：一个主体基模型》，《经济研究》2019年第1期。
② 钟文晶、罗必良：《禀赋效应、产权强度与农地流转抑制——基于广东省的实证分析》，《农业经济问题》2013年第3期。
③ 陈通、孙亚文、江雪莹、程永扬：《风险认知、负面情绪与农地流转意愿抑制——以禀赋效应为中介》，《湖北农业科学》2014年第21期。
④ 胡新艳、杨晓莹：《农地流转中的禀赋效应及代际差异》，《华南农业大学学报》（社会科学版）2017年第1期。
⑤ 钟文晶：《禀赋效应、认知幻觉与交易费用——来自广东省农地经营权流转的农户问卷》，《南方经济》2013年第3期。
⑥ 罗必良：《资源特性、产权安排与交易装置》，《学术界》2014年第1期。
⑦ 罗必良：《合约短期化与空合约假说——基于农地租约的经验证据》，《财经问题研究》2017年第1期。
⑧ 马贤磊、沈怡、仇童伟、刘洪彬：《自我剥削、禀赋效应与农地流转潜在市场发育——兼论经济欠发达地区小农户生产方式转型》，《中国人口·资源与环境》2017年第1期。
⑨ 梅淑元：《禀赋效应视角下农民工的承包地处置方式分析》，《湖南农业大学学报》（社会科学版）2018年第4期。
⑩ 王士海、王秀丽：《农村土地承包经营权确权强化了农户的禀赋效应吗？——基于山东省117个县（市、区）农户的实证研究》，《农业经济问题》2018年第5期。
⑪ 朱喜、史清华、李锐：《转型时期农户的经营投资行为——以长三角15村跟踪观察农户为例》，《经济学（季刊）》2010年第2期。
⑫ 何秀荣：《关于我国农业经营规模的思考》，《农业经济问题》2016年第9期。

为是解决该问题的有效之道。

史清华和贾生华通过对苏、鲁、浙三省农地流转的调查研究指出，相对比较优势的存在是土地流转的根源①。大部分学者更倾向于认为多种因素的共同驱动是土地流转的主要动机②③。学术界对于影响农地流转的因素的研究较为丰富，这些因素主要可以分为四类：个体因素、家庭因素、社会经济因素和外界条件因素。年龄④、受教育程度⑤、家庭人口规模⑥、家庭收入⑦、农村社保⑧等在不同程度上影响了农民农地流转的意愿。

随着城市化的不断推进，由征地产生的纠纷越来越多。汪晖和陈箫认为，当前征地矛盾的关键是以"高强制性和低补偿性"为特点的征收体制本身⑨。黄祖辉和陈欣欣在农村固定观察户跟踪调查资料的基础上，通过构建 Logit 模型，提出在二元制度下，非公共利益性质的征地行为对农民土地发展权构成一种实质性侵害⑩。目前农地征收的主要问题是产权主体模糊、增值收益分配不公⑪，容易造成土地财政问题突

---

① 史清华、贾生华：《农户家庭农地流转及形成根源——以东部沿海苏鲁浙三省为例》，《中国经济问题》2003 年第 5 期。
② 戴中亮：《农村土地使用权流转原因的新制度经济学分析》，《农村经济》2004 年第 1 期。
③ 石冬梅、王健、许月明、胡建：《农村土地流转主体的成本－收益分析》，《广东农业科学》2013 年第 3 期。
④ 陈昱、陈银蓉、马文博：《基于 Logistic 模型的水库移民安置区居民土地流转意愿分析——四川、湖南、湖北移民安置区的调查》，《资源科学》2011 年第 6 期。
⑤ 王兴稳、钱忠好：《教育能促进农地承包经营权流转吗——基于江苏、湖北、广西、黑龙江 4 省 1120 户农户的调查数据》，《农业技术经济》2015 年第 1 期。
⑥ 许恒周、郭玉燕、吴冠岑、金晶：《代际差异视角下农民工土地流转意愿的影响因素分析——基于天津 613 份调查问卷的实证研究》，《资源科学》2012 年第 10 期。
⑦ 冒佩华、徐骥、贺小丹、周亚虹：《农地经营权流转与农民劳动生产率提高：理论与实证》，《经济研究》2015 年第 11 期。
⑧ 张忠明、钱文荣：《不同兼业程度下的农户土地流转意愿研究——基于浙江的调查与实证》，《农业经济问题》2014 年第 3 期。
⑨ 汪晖、陈箫：《土地征收中的农民抗争、谈判和补偿——基于大样本调查的实证分析》，《农业经济问题》2015 年第 8 期。
⑩ 黄祖辉、陈欣欣：《沿海经济发达地区农户迁移行为的影响因素分析》，《浙江社会科学》2002 年第 6 期。
⑪ 贺雪峰：《关于"中国式小农经济"的几点认识》，《南京农业大学学报》（社会科学版）2013 年第 6 期。

出、征地权滥用、耕地保护力度不够①等问题。若严重低估土地资源的开发成本，将造成重复建设严重、产业门槛较低等问题②，甚至导致城市化的空间扩张和人口集聚的严重脱节③。

引发征地争端的一个焦点是，地方政府不遵循法定的征收程序行使征收权，致使在中国土地流转中程序正义得不到具体体现④。现行法制体制对公共利益的模糊性定义使征地实践中容易出现"公共利益泛化"的情况⑤。因此，应加强法院对政府征地的审判监督作用⑥，同时健全司法审查体系，赋予被征地农民合理有效参与土地征收补偿的权利⑦。

比较而言，国内学者侧重研究土地流转所涉及的公平方面，并对当事人的行为特征做了较充分的探讨。这些探讨构成了理性视角下土地征收和流转定价分析的主流内容，但相对而言，行为视角下的此类研究较少。

（三）禀赋效应下土地征收的基本思路

公共选择学派的研究者 Tullock 认为，土地征收中 WTP 的确立实际是一个复杂的政治过程⑧。如何缩小"要价－出价的差"，一直是经济学家关注的话题。

基于自愿原则的市场交易可以有效缩小"要价－出价的差"，但这只适用于 WTA ≤ WTP 的情况。如果 WTA > WTP，政府又要动用征收权，

---

① 丁浩：《我国土地征收制度的焦点分歧与改革路径》，《西北农林科技大学学报》（社会科学版）2016 年第 6 期。
② 曲福田、冯淑怡、诸培新、陈志刚：《制度安排、价格机制与农地非农化研究》，《经济学（季刊）》2004 年第 4 期。
③ 陶然、徐志刚：《城市化、农地制度与迁移人口社会保障——一个转轨中发展的大国视角与政策选择》，《经济研究》2005 年第 12 期。
④ 程洁：《土地征收征用中的程序失范与重构》，《法学研究》2006 年第 1 期。
⑤ 刘春湘、虞莎莎、刘峰：《农村集体土地征收纠纷的解决机制探究》，《湖南社会科学》2019 年第 4 期。
⑥ 姚佳婷：《土地征收中征地权的权力配置改革》，《法制博览》2018 年第 21 期。
⑦ 张宇：《现代土地征收制度中的"公共利益需要"》，《西北农林科技大学学报》（社会科学版）2019 年第 6 期。
⑧ G. Tullock, "Public Decisions as Public Goods," *Journal of Political Economy* 79(1971): 913 - 918.

被征收者利益受损必然不可避免。2005年以前，人们一直认为，"公共利益"条款已经几乎对政府征收行为不再构成实质性约束，要保护征收中的财产权只能依靠"合理补偿"条款的约束。于是经济学家一直在寻找更加合理的补偿标准。

Hovenkamp 研究指出，如果政府征收居民财产，法院应该以其适用 WTA 作为补偿标准，即让 WTP = WTA[①]。Miceli & Sirmans 通过实证考察发现，政府在干预土地使用并要对其征收时，以市场价值作为补偿标准并不是效率最优的，相反，使用 WTA 可以将政府征收造成的外部损害"内部化"，因此，WTA 应该取代市场价值成为征收补偿的新标准[②]。但是，将 WTA 作为新的补偿标准又会遇到操作上的困难，因为没有人能够观察到被征收者的 WTA。

禀赋效应不仅可能使所有者赋予其财产高于 WTP 的价值，而且可能将外在之物在心理上转化为"人格财产"（Personal Property），即"失去所造成的痛苦不能通过财物的替代得以减轻"的财产，诸如家宅、墓地和结婚戒指等。这意味着，对这类财产企图通过调整征收补偿标准来弥补所有者损失的努力注定会失败。特别是当这些财产要被用于非公共目的时，其所有者的情绪反应会非常强烈。

在农地流转市场上，任何人都可能成为买者和卖者，因此交易双方可以获得愿意支付（WTP）和愿意接受（WTA）的价格。当 WTA/WTP > 1 时，表明存在禀赋效应；而比值越大，禀赋效应越大，说明农户"惜地"行为越强，农地流转越容易受到抑制。根据国内外研究的发现不难注意到如下现象：对禀赋效应的细致研究大都存在于实验室里，通常都是通过让大学生进行普通商品（咖啡杯、巧克力棒等）的交易来对禀赋效应的影响因素进行研究。尽管众多的影响因素得到深刻分析，但禀赋效应在现实中的特征难以体现。另外，尽管国内外研究者对禀赋效应在征收中的作用做了更接地气的分析，但受数据限制，大部分研究以理论分析和案例分析为主，在大样本下的数据处理分析尚不多见。本研究尝试结合两者的优点，通过社会实践获得第一手数据，直接

[①] H. Hovenkamp, "Legal Policy and the Endowment Effect," *Journal of Economic Behavior and Organization* 20(1991): 225 – 247.

[②] T. J. Miceli, C. F. Sirmans, "The Economics of Land Transfer and Title Insurance," *Kluwer Academic Publishers* 10(1995): 81 – 88.

向被调查者提出技术上最接近实验室研究结论的问题,并通过统计和计量方法进行全面的控制,以期获得更多的结论。

二 调研数据与研究内容

针对山东省农村宅基地与房产问题,山东财经大学"禀赋效应与地权征收心理溢价权保护"调研团队于 2018 年 7 月 27 日到 8 月 5 日在 E 市 S 县周边 6 个村庄展开调研活动。E 市 S 县位于山东省东部,东临渤海,经济发展水平较高,并多年被评为"全国百强县"。S 县居民人均寿命位居山东省各地市前列,大部分居民在此居住多年,为我们调查长期数据提供了条件。

团队对农民人口统计学数据、宅基地使用权和土地流转等问题进行了详细的调研。调研发现,大部分村庄的土地流转程度较低;很多居民的房屋居住时间长,不愿搬迁;当地具有较为完善的土地分配制度和体系,村民在宅基地上的纠纷较少;在某些村庄,村民的组织生活参与度较高,对参与村委会选举等事宜持有饱满的热情。这让我们对不愿搬迁和交易土地及房屋的原因产生了兴趣,并由此产生了对本文研究主题的探索。根据收集来的数据,我们初步分析了当地相关情况。

(一)村民基本情况分析

据表 1 调研数据可知,总体上来说,村民对参与村委会选举等事宜持有饱满的热情。其中,一半以上的村民表示一定要参加村委会的选举工作,24.04% 的村民表示如果家中的农务事宜较少会积极地参与村委会的选举工作。这充分反映出大部分村民对参与村委会选举的事情十分重视,也反映出当地村民的组织生活参与度普遍较高,具有较强的政治参与意识。同时,由于农务繁忙以及自身文化水平有限等问题,也有少数村民表示对参与村委会选举没有太大的兴趣。

此外,通过分组情况来看,没有外出经历的村民一定参加村委会选举的比例高于有外出经历的村民,这是由于外出务工挤占了"有外出经历"的村民参与组织生活的时间和精力。另外,还可以看出,上过学的村民参与组织生活的程度要远高于没有上过学的村民,这反映了教育对组织参与度有极大的影响。整体来看,调研地的基层村委工作十分到位,村民们支持村委会的召开,为接下来的数据分析提供了较好的支持。

表1 当地村民对村委会选举的参与度

单位:%

组织参与度		是否有外出的经历		最高学历		
		否	是	从未上过学	高中以下	高中及以上
一定参加	56.28	57.42	50.00	41.18	66.15	50.00
没事就参加	24.04	21.29	39.28	29.41	16.92	50.00
参不参加无所谓	10.38	10.96	7.14	17.65	10.72	0
除非有人做工作	1.65	1.94	0	11.76	1.54	0
一定不参加	7.65	8.39	3.58	0	4.67	0

(二)村民住房基本情况分析

由表2可以看出,在所有被调查的村民中,有超过2/5的人认为自己的房屋居住时间为20~40年,占比最大,可见大部分村民的房屋居住时间为20~40年。房屋居住时间在20年及以下的村民大概占1/5,而有约30%村民的房屋居住时间为40~60年,尽管这些房子比较老旧,但是仍然占了很大的比例。只有9.04%的房屋居住时间达到甚至超过60年,所占比例最小,这是由于时间太久,房屋老化、破损严重,村民只能另寻新房。

表2 当地村民房屋居住时间

单位:%

居住时间	0~20年	20~40年	40~60年	60年及以上
百分比	19.21	41.68	30.07	9.04

调研数据显示(见表3),有66.08%的村民表示如果要将自家的房屋租赁出去,那么月租的理想价位在3000元以上。考虑到村民的房屋以独家院(小栋别墅)为主,所以这样的价位也是可以理解的。除此之外,有16.12%的被访者表示会将月租定在1000元以内,而17.80%的村民更愿意将月租定在1000~3000元。房屋租赁价格的确定,需要考虑多方面的因素,诸如交通通达度,周围的基础设施建设完善与否,

距离市场、学校的远近，等等。因此，村民对自家房屋月租金的心理预期有较大的差异。同时，通过对"组织生活参与度"的分组来看，绝大多数理想月租金在3000元以上的被访者表示，一定会参加组织活动；而理想月租金在1000元以下的被访者仅有48.56%选择了一定会参加组织生活。

表3 当地村民房屋月租心理价格

单位：%

	组织生活参与度				
	一定参加	没事不参加	参不参加无所谓	除非有人做工作	一定不参加
1000元以内	16.12	48.56	37.13	2.86	2.87	8.67
1000~3000元	17.80	66.67	0	16.66	0	16.67
3000元以上	66.08	68.97	24.14	0	3.44	3.45

三 基于调查数据的实证分析

本文在前文统计分析的基础上进一步发掘调研数据，进行实证分析。首先对调查问卷中具有重要意义的数个问题进行描述性统计，包括访谈对象的住房居住时间、住房心理价格、组织生活参与度、收入水平、建房投入时间和建房投入精力等情况。其中，我们将"是否参加村委会的选举"作为组织生活参与度的衡量指标，1-5分别表示"一定参加""没事就参加""参不参加无所谓""除非有人做工作""一定不参加"，数值越大，表示参与度越低。其具体结果见表4。

表4 重要变量的描述性统计

变量	均值	标准差	最小值	中位数	最大值
住房居住时间	32.98	18.75	2	30	150
住房心理价格	87445	280000	1	10	1000000
组织生活参与度	1.800	1.180	1	1	5
收入水平	26790	53497	3200	10000	600000
建房投入时间	0.120	0.330	0	0	1
建房投入精力	0.0800	0.270	0	0	1

进一步，本文对上述变量算出相关系数以了解变量之间的相关性，具体见表5。

表5 重要变量相关系数

	住房居住时间	住房心理价格	组织生活参与度	收入水平	建房投入时间	建房投入精力
住房居住时间	1					
住房心理价格	0.179**	1				
组织生活参与度	-0.00600	0.134*	1			
收入水平	0.150*	-0.0700	0.0320	1		
建房投入时间	0.156**	0.183**	0.00500	-0.0230	1	
建房投入精力	-0.0410	-0.0160	-0.0220	-0.0380	0.210***	1

注：*、**、*** 分别代表10%、5%、1%的显著性水平。下同，不再赘述。

根据表5，住房居住时间与住房心理价格相关系数显著，可以看出住房心理价格与住房居住时间有一定关系。因此对住房心理价格和住房居住时间进行回归分析，以确定二者的相关性。建立计量模型如下：

$$住房心理价格 = \beta_0 + \beta_1 \times 住房居住时间 + \beta_2 \times 组织生活参与度 + \beta_3 \times 收入水平 + \beta_4 \times 建房投入时间 + \beta_5 \times 建房投入精力 + \varepsilon$$

其中，ε 表示随机误差项。

（一）基准回归

我们对统计数据进行OLS回归，具体结果见表6。从被访者的总体情况来看，住房居住时间对房屋出售心理价格有显著的正向影响，这和国外学者在实验室中得出的结果基本一致。住房居住时间的增加会让村民对自己的房屋产生一种心理依赖，长时间居住下的房屋俨然已经脱离普通商品的属性，成为村民的"人格财产"，这会提高村民对房屋的心理估价。

表6 重要变量回归结果

	房屋出售心理价格				
	(1)	(2)	(3)	(4)	(5)
住房居住时间	0.285** (2.31)	0.287** (2.36)	0.311** (2.57)	0.272** (2.25)	0.264** (2.18)

续表

	房屋出售心理价格				
	(1)	(2)	(3)	(4)	(5)
组织生活参与度		4.984** (2.35)	5.430** (2.58)	5.172** (2.48)	5.146** (2.47)
收入水平			-4.026** (-2.17)	-4.106** (-2.24)	-4.169** (-2.27)
建房投入时间				14.515** (2.11)	15.884** (2.24)
建房投入精力					-6.887 (-0.84)
样本量	163	163	163	163	163
R2	0.026	0.053	0.074	0.094	0.092
F	5.335	5.512	5.329	5.196	4.291

而组织生活参与度对房屋出售心理价格具有负向影响,组织生活参与度对禀赋效应的影响在国内外的研究中都没有明确提及。组织生活参与度会对房屋出售心理价格产生影响,一个可能的原因是组织生活参与度低的人更加注重自己的内心世界,在生活上更愿意依靠自己,所以对具有心灵港湾作用的房屋更加依赖,会倾向于给自己的房屋设定一个更高的心理价格。

收入水平对房屋出售心理价格具有显著的负向影响,即收入越高,禀赋效应越弱。这也与国内外的研究相符合。这是因为收入的提高可以弥补心理估价降低带来的损失。

当一个人认为他的建房投入时间比邻居长时,他对自己房屋的心理估价会明显偏高。这是因为他在修建房屋的时候投入了更多的时间,可能说明他对自己房子的感情更深,他对自己房屋的心理估价显然也会更高。

值得注意的一点是,另一个衡量建房投入精力的变量,即"您是否觉得您在房屋的设计上比您的邻居花费了更多精力"却并不具有显著性。这是因为在调研过程中我们发现,被调研者大多没有"房屋设计"这个概念。

(二)分组回归

1. 基于外出经历分组

接下来,我们就访谈者是否有过外出经历进行分组回归,以探讨有无外出经历是否会对原本的禀赋效应产生影响,回归结果见表7。可以看出,有外出工作经历的人对自己住房的依赖程度不显著,从来没有外出工作经历的人具有显著的正向禀赋效应。从来没有外出工作经历的人一辈子都生活在乡村这片土地上,习惯了乡村田园牧歌式的生活方式,对乡村中自己的土地和房屋具有深厚的感情,自然对乡村房屋的心理估价更高。而有外出工作经历的人在外出工作期间,回到乡村房屋内居住的时间相当有限,他们的房屋基本处于空置状态,他们对乡村房屋的感情并没有太深,显然他们对房屋的心理估价不会受到住房居住时间的影响。

表7 有无外出工作经历回归结果

	房屋出售心理价格			
	有外出工作经历		从来没有外出工作经历	
	(1)	(2)	(3)	(4)
住房居住时间	0.128	0.174	0.544***	0.414**
	(0.81)	(1.02)	(2.75)	(2.15)
组织生活参与度		4.854		5.217*
		(1.53)		(1.81)
收入水平		-4.176		-4.055
		(-1.36)		(-1.59)
建房投入时间		4.799		22.278**
		(0.38)		(2.58)
建房投入精力		-11.553		-3.623
		(-0.87)		(-0.35)
样本量	72	72	91	91
R2	-0.005	-0.002	0.068	0.149
F	0.652	0.977	7.589	4.154

2. 基于年龄分组

本文进一步对年龄进行分组回归,并以50岁和70岁为界。这是因为考虑到本次调研的对象多是年龄偏大的老年人，70岁以上老年人的价值观念不同于年轻人，再者其住房居住时间很长，因此我们以50岁和70岁为界分为三组进行回归。如表8的回归结果所示，房屋的禀赋效应具有代际差异。50岁以下的群体对乡村房屋的心理依赖不强，禀赋效应不明显。而50~70岁的人对乡村房屋具有明显的心理依赖和较强的禀赋效应。这也和国内外学者的理论相符合。

表8 年龄分组回归结果

	房屋出售心理价格					
	小于50岁		50~70岁		70岁以上	
	（1）	（2）	（3）	（4）	（5）	（6）
住房居住时间	0.041 (0.18)	0.001 (0.00)	0.368** (2.43)	0.336** (2.31)	0.268 (0.63)	0.370 (0.82)
组织生活参与度		1.301 (0.27)		6.183** (2.40)		5.598 (0.93)
收入水平		-3.680 (-1.21)		-2.190 (-0.76)		-7.472 (-0.83)
建房投入时间		26.080* (1.77)		28.041*** (3.05)		-10.735 (-0.46)
建房投入精力		-30.595 (-1.47)		-0.290 (-0.03)		-10.610 (-0.38)
样本量	37	37	96	96	30	30
R2	-0.028	0.050	0.049	0.146	-0.021	-0.078
F	0.033	1.375	5.913	4.247	0.395	0.580

（三）稳健性检验：基于"中国综合社会调查（2006）"数据回归

1. 描述性统计

为了验证调研数据所反映的问题，我们使用"中国综合社会调查（2006）"的问卷数据进一步展开研究。参照上文中的统计方法，我们进行了如下的基准回归，其中变量选取见表9。

表9 变量指标说明

变量类型	变量内容	赋值
被解释变量	房屋出售心理价格	房屋的市场估价取对数
解释变量	住房居住时间	实际值
控制变量	收入水平	全家人的总收入取对数
	农业收入占比	(全家总收入－全家非农收入)/全家总收入(%)
	受教育程度	受教育年限（年）
	性别	男＝1；女＝2
	建房投入时间	按照住房面积的大小从小到大五级赋值
	户口状况	农业户口＝1；非农业户口（蓝印户口）＝2；非农业户口（城镇户口）＝3
	建房投入精力	精力多＝3（有平房、有专门的浴室、有可排水的厕所中的至少两个）；精力一般＝2（有以上三者中的任意一个）；精力少＝1（以上三者均不具备）

首先，我们选取核心变量做了简单的描述性分析，如表10所示。

表10 核心变量的描述性统计

变量	均值	标准差	最小值	中位数	最大值
房屋出售心理价格	10.57	1.530	4.380	10.76	16.11
住房居住时间	20.97	11.85	1	20	54
收入水平	9.520	0.990	5.010	9.600	16.12
建房投入时间	2.530	1.210	1	2	5
建房投入精力	1.410	0.5801	1	1	3
农业收入占比	0.890	0.280	0	1	1
性别	0.470	0.500	0	0	1
户口状况	1.970	0.990	1	1	3
受教育程度	8.920	3.600	1	9	19

2. 基准回归

基于"中国综合社会调查（2006）"的回归结果显示，住房居住时间对房屋出售心理价格有显著的正向影响（见表11）。这也验证了基于实地调研数据的结论，并在一定程度上说明了中国在征地过程中存在禀赋效应，应该加以重视。但本文的不足之处在于遗漏变量问题，虽然本文在选取变量时已经参考相关文献，尽可能多地选取反映心理价格影响因素的变量作为控制变量，但由于数据可得性方面的限制，不可避免地存在遗漏变量问题。但我们依然可以通过全国数据和调研的个别县市的真实数据，分析当前土地征收工作中的困难和禀赋效应的影响。

表11 基准回归

	房屋出售心理价格				
	（1）	（2）	（4）	（5）	（10）
住房居住时间	0.004***	0.005***	0.005***	0.005***	0.009***
	(3.47)	(4.10)	(3.66)	(4.09)	(6.23)
全家收入水平		0.923***	0.810***	0.811***	0.436***
		(55.69)	(47.54)	(46.86)	(18.74)
建房投入时间			0.075***	0.074***	0.059***
			(5.76)	(5.60)	(4.58)
建房投入精力			-0.511***	-0.511***	-0.190***
			(-19.29)	(-19.06)	(-5.59)
农业收入占比				-0.138**	-0.211***
				(-2.46)	(-3.88)
性别					-0.071**
					(-2.34)
户口					0.178***
					(7.97)
受教育程度					0.045***
					(7.94)
样本量	6558	6558	6558	6460	5731
R2	0.002	0.322	0.362	0.363	0.425
F	12.050	1559.813	929.816	737.206	424.295

四 研究结论与政策建议

（一）结论

1. 农户具有显著的禀赋效应，影响土地资源的合理流动

调查结果显示，住房居住时间、建房投入时间对房屋出售心理价格

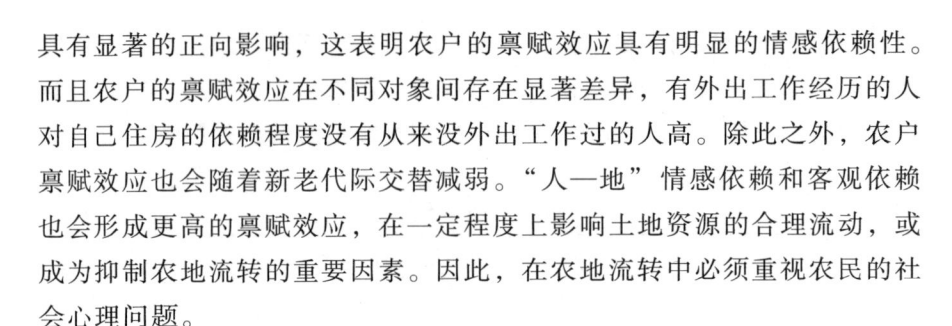

具有显著的正向影响，这表明农户的禀赋效应具有明显的情感依赖性。而且农户的禀赋效应在不同对象间存在显著差异，有外出工作经历的人对自己住房的依赖程度没有从来没外出工作过的人高。除此之外，农户禀赋效应也会随着新老代际交替减弱。"人—地"情感依赖和客观依赖也会形成更高的禀赋效应，在一定程度上影响土地资源的合理流动，或成为抑制农地流转的重要因素。因此，在农地流转中必须重视农民的社会心理问题。

2. 农地征收程序忽略了禀赋效应

调研结果显示，组织生活参与度对房屋出售心理价格具有负向影响，禀赋效应阻碍了征地主体对土地的征收过程。但实际征地过程与规定的土地征收程序相违背，在追求征收效率的同时，忽略了禀赋效应对农民心理定价的影响。在实际的征地过程中，村民的积极性不高，主动参与度低。主要原因是村委会对征地政策、补偿标准和征收过程等的解释太过粗糙，流于形式，导致了征地脱离实际，造成农户对村委会的不信任，从而造成严重的社会影响。

3. 征地补偿费评定机构和纠纷调解仲裁机构缺乏

农村征地过程中出现的各种问题追根究底是补偿问题，但中国并没有专业的征地补偿费评定机构和纠纷调解仲裁机构，当农民与征地主体发生冲突时，缺少中立的机构去解决这一矛盾。同时由于农民面对征地主体存在天然劣势，在发生纠纷时，农民的权益易受到侵害，成为社会的一个潜在矛盾激化点。另外，现行《土地管理法》对土地征收纠纷处理机制的规范不完善，法院往往不会受理此类土地纠纷诉讼。由此一来，政府在土地征收的过程中，既是"运动员"，又是"裁判员"，从而导致纠纷的调解或仲裁常出现不合理、不公正的情况，导致民众在有异议时求告无门，只能忍气吞声。

（二）建议

1. 减弱农民对土地的禀赋效应

农地流转过程中具有显著的代际差异，因此减弱农户禀赋效应，可以从代际因素入手。一方面，考虑到情感依赖与禀赋效应有显著的相关性，应更加重视农地流转过程中农民的社会心理问题，并且对其行为加以引导，在土地征收过程中对外出经历更少、更加年长、组织生活参与度更低的农户投入更多关注。同时，进一步完善农村的社会保障体系建设，以对土地保障的需求起到替代作用。另一方面，加紧构建农地使用权流转市场，建立合理有序的市场秩序和采取有力的监管措施。更完善的市场体系有利于提高小规模农户在流转市场的影响力，削弱大规模经营者的垄断地位，从而减弱禀赋效应。

2. 推行严格的征收约束机制，建立合理的征地补偿费评定制度

应根据农户禀赋效应的强弱对农地实行差别化的补偿策略，充分考虑住房居住时间、住房建造费用、农户年龄等影响禀赋效应的因素，建立合理的征地补偿费评定制度。应提高农户的参与度，通过各方充分地协商确定补偿标准。另外也应考虑农户有夸大其接受价格意愿的可能，根据受损程度的高低进行补偿。

3. 加快土地征收的相关立法，落实土地确权颁证

立法部门应从实际出发，广泛调研和吸取民意，对现行的《土地管理法》进行修订，通过法律对征地过程进行科学指导，在征收土地以满足社会发展的同时，减少社会矛盾，造福农民群体。在现有的土地产权制度下，某些时候土地产权的划分不清晰，私有和公有的界限不明确，导致在征收土地的时候出现许多争议和矛盾，从而影响了农民对土地的禀赋效应以及征地补偿标准的制定。加大土地确权工作的宣传力度，加快落实土地确权颁证工作，将土地所有权清晰地划分到每一户，可以缩小产权不明确所带来的补偿标准和农民意愿的差距，从而提高土地征收效率。

（责任编辑：孙灵燕）

·国际经济·

电信服务贸易壁垒是否抑制了高新技术产品的出口？[*]

王维薇　陈　佳[**]

摘　要　随着信息通信技术的发展，电信服务业作为信息通信行业的纽带，其发展会通过产业关联对其下游制造业造成影响，但世界各国为了防止信息泄露等会采取监管措施，形成相应的电信业隐性服务贸易壁垒。在这种情况下，电信服务贸易壁垒会对高新技术产品出口产生影响。本文通过实证分析，探究了电信服务贸易壁垒对高新技术产品出口的影响及其影响机制，结果表明：从整体来看，电信服务贸易壁垒会抑制高新技术产品的出口；从影响路径来看，电信服务贸易壁垒的存在会影响一国的创新效率、服务业开放水平以及人力资本积累，进而影响该国高新技术产品的出口；从门槛模型来看，电信服务贸易壁垒对高新技术产品出口的抑制作用会存在结构性变化。

关键词　电信服务业　贸易壁垒　高新技术产品

---

[*] 本文为天津市哲学社会科学规划年度项目"国际投资规则重构视阈下天津自贸区投资管理制度创新研究"（项目编号：TJYYQN－004）的阶段性成果。

[**] 王维薇（1982～），中国社会科学院世界经济与政治研究所博士后，天津财经大学经济学院国际经济贸易系讲师，南开大学经济学博士，主要研究领域为国际分工与服务贸易。陈佳（1998～），天津财经大学经济学院国际经济贸易系学生。

引 言

近年来，随着各国科学技术和经济的迅猛发展，高新技术产业成为各国最具有活力的先导性产业，高新技术产品出口贸易额也随之增加。根据联合国商品贸易统计数据库，在世界各国制成品出口份额中，高新技术产品出口份额占比已从2007年的20.5%上升到2017年的21.6%。这充分表明，各国越来越重视自身高新技术产业的发展，高新技术产品的出口也日益成为各国在国际贸易中的关键点。就中国而言，高新技术产品出口贸易额已从2007年的3426.1亿美元上升到2017年的6541.88亿美元，10年内增长了近1倍[1]。高新技术产品出口贸易额的增加，不仅缘于国内技术水平的提高以及国内经济发展水平的推动，还受到贸易壁垒的影响。

此外，随着经济全球化的不断深入，全球价值链发展对国民经济的影响日益加深，服务贸易在各国经济发展中的重要作用与日俱增。作为市场中用作中间投入的生产性服务，服务贸易对于一国生产和消费的作用日益凸显，这一现象的出现使贸易自由化从货物贸易自由化逐渐转向服务贸易自由化。为了保护本国具有"黏合剂"功能的这种生产性服务业，各个国家通常会制定一些政策措施来限制其在国际的流动，我们称这些管制为服务贸易壁垒。根据幼稚产业保护理论，服务贸易壁垒对于一些敏感型的服务业来说，可以保障其避免受到来自外国潜在服务竞争对手的威胁，促进本国服务业的发展[2]。但是目前多数学者认为服务贸易壁垒的减少会对一国的服务业有明显的促进作用[3]。此外，上游服务业和与其关联的下游制造业之间有着投入产出的关系[4]，作为制造业的上游部门——生产服务贸易的自由化会通过产业关联效应影响一国制

---

[1] 联合国商品贸易统计数据库，https://comtrade.un.org/。
[2] 中国世界经济学会：《现代国际经济学理论发展综述》，中国人民大学出版社，2006。
[3] N. Benjamin, X. Diao, "Liberalizing Services Trade in APEC: A General Equilibrium Analysis with Imperfect Competition," *Pacific Economic Review* 5(2000): 49 – 75.
[4] 孟翡：《中间服务贸易自由化的货物出口效应——关于二者影响机制的研究综述》，《国际经贸探索》2018年第1期。

造业的生产效率①。因此，管制生产性服务贸易的进出口将会影响下游制造业的发展，进而影响其出口。

作为知识密集型服务行业的电信服务业对于一国国民经济的发展起着至关重要的作用，涉及国计民生各个行业。电信服务业不仅能够作为其他经济活动的重要载体，起到互联互通的作用，更能通过影响国民经济各个行业来发挥其纽带的作用。另外，电信服务业作为高新技术传播的桥梁，在如今强调科技创新的时代能够将科学技术的创新转化为产品的生产力，进而提升产品的出口。各个国家出于对信息安全、保障公平等的关注，会制定较多的监管措施和限制性政策来对本国市场加以保护②，包括国家对电信服务业的控制、增加外国企业的准入成本、限制外资企业控股等，使本国存在了较高的贸易壁垒。各国对电信服务业市场准入的一些控制和立法等，都会造成相应的具有很高隐蔽性和很强针对性的电信服务贸易壁垒。电信服务贸易壁垒的存在一方面会阻碍本国整体服务业的发展③，另一方面会影响与其关联的下游制造业的国际贸易情况。因此，本文深入研究了电信服务贸易壁垒对高新技术产品出口的影响及其作用机制，能够为提高中国高新技术产品出口额提供理论和实践基础。

一 文献综述

（一）对高新技术产品出口影响因素的研究

近年来，随着科学技术的不断改革创新，依托各项高新技术研发和生产的高新技术产品产量和出口额成为综合国力的重要体现之一。高新技术产品一般是指以知识密集型技术为基础，能够整合多学科技术研究成果的高新技术领域生产的产品④。

---

① 舒杏、王佳：《生产性服务贸易自由化对制造业生产率的影响机制与效果研究》，《经济学家》2018年第3期。
② Bernard Hoekman, "Trade in Services: Opening Markets to Create Opportunities," WIDER Working Paper, 2017.
③ I. Borchert, B. Gootiiz, A. Mattoo, "Global Patterns of Services Trade Barriers-New Empirical Evidence," World Bank Policy Research Working Paper, 2012.
④ Zheng-Xin Wang and Yan-Yu Wang, "Evaluation of the Provincial Competitiveness of the Chinese High-tech Industry Using an Improved TOPSIS Method," *Expert Systems with Applications* 41 (2014): 2824-2831.

目前，针对高新技术产品的出口问题，国内外的学者进行了大量的研究，对影响其出口的因素也做了较为细致的研究分析。影响因素主要包括以下两种。首先从内部因素来说，产业集聚效应、研发投入以及技术创新能够促进一国高新技术产品的出口。郭友群和郑承娟使用协整理论进行长期与短期效应的分析，研究表明研发投入对高新技术产品的出口起着推动的作用[1]；宜烨和宜思源通过实证分析产业集聚、技术创新对高新技术产品出口的影响，得出结论：产业集聚效应对高新技术产品出口具有显著的促进作用，相较于技术引进等，自主创新对出口的促进作用更为明显[2]。其次从外部来看，制度（如专利保护、知识产权保护）、政府政策以及汇率也会对高新技术产品出口有较为明显的影响。Smith 以美国为例，探究了弱专利保护对美国高新技术产品出口的抑制作用[3]；齐帆通过企业和国家两个层面，从运行成本分析、经济收益分析两个方面，探究了知识产权保护对高新技术产品出口的影响[4]；白志远和章雯采用 2001~2014 年的省际数据，将中国 31 个省（区、市）划成八个综合经济区进行实证回归分析，结果表明沿海经济区的出口退税政策对高新技术产品出口具有显著的促进作用[5]；马宏越借助相关理论，实证分析了人民币汇率变动对中国高新技术产品出口的影响，探究了其影响机制，结论显示人民币汇率对高新技术产品的出口有一定程度的反向作用[6]；赵月瑶运用固定效应模型，研究发现教育、投资、知识产权保护对高新技术产品出口竞争力有显著的促进作用[7]。

---

[1] 郭友群、郑承娟：《研究与开发投入与我国高新技术产品出口关系的实证分析》，《经济经纬》2007 年第 6 期。

[2] 宜烨、宜思源：《产业集聚、技术创新途径与高新技术企业出口的实证研究》，《国际贸易问题》2012 年第 5 期。

[3] P. Smith, "Are Weak Patent Rights a Barrier to U. S. Exports?" *Journal of International Economics* 48(1999): 151 – 177.

[4] 齐帆：《知识产权保护对目前高新技术产品出口的影响研究》，《江苏科技信息》2019 年第 9 期。

[5] 白志远、章雯：《出口退税对高技术产业的激励效应分析》，《统计与决策》2016 年第 20 期。

[6] 马宏越：《人民币汇率变动对中国高新技术产品出口的影响研究》，硕士学位论文，东北财经大学，2017。

[7] 赵月瑶：《中国高新技术产品出口竞争力及影响因素分析——以出口欧盟国家为例》，硕士学位论文，东北财经大学，2018。

（二）对生产性服务业与高新技术产品之间关联的研究

在全球化分工背景下，各国产业关联度持续上升。同时，生产性服务业与制造业的融合随着各国产业结构的优化而日益深入，二者之间的关联也被越来越多的学者所研究。郑休休和赵忠秀基于全球价值链的视角，利用投入产出数据，研究了生产性服务的中间投入与制造业产品出口之间的关系，结果表明一国生产性服务的中间投入增加会促使本国制造业产品出口增加①；罗军对生产性服务业与制造业的关联进行了研究，通过分析生产性服务业进口影响制造业全球价值链升级模式理论机制和计量检验，得出结论：生产性服务贸易对中国制造业在全球价值链中的产品发展与升级有明显的促进作用②。此外，不少学者对技术密集型制造业与生产性服务之间的关系进行了论述分析。刘艳通过相关实证分析，认为生产性服务贸易的进口增加对一国高新技术产品出口复杂性的提升有更为显著的促进作用③；莫莎和周晓明通过对28个国家跨国面板数据的分析，认为生产性服务贸易进口复杂性的提升能够促进本国技术密集型制造业国际竞争力的提高④。

（三）对服务贸易壁垒影响制造业发展和高新技术产品出口的研究

随着服务贸易越来越进入人们的视野，越来越多的学者将研究视角转向服务贸易和服务贸易壁垒。服务贸易壁垒的存在不仅会对服务业本身的发展造成影响，也会对与其有关联的制造业造成影响。Arnold等提出无论是消除歧视性服务限制政策还是非歧视性服务限制政策，都有利于国内私有化进程的推进和外籍供应商的进入，从而提升国内服务市场

---

① 郑休休、赵忠秀：《生产性服务中间投入对制造业出口的影响——基于全球价值链视角》，《国际贸易问题》2018年第8期。
② 罗军：《生产性服务进口与制造业全球价值链升级模式——影响机制与调节效应》，《国际贸易问题》2019年第8期。
③ 刘艳：《生产性服务进口与高技术制成品出口复杂度——基于跨国面板数据的实证分析》，《工业经济研究》2014年第4期。
④ 莫莎、周晓明：《生产性服务贸易进口复杂度对制造业国际竞争力的影响研究——基于跨国面板数据的实证分析》，《国际商务 - 对外经济贸易大学学报》2015年第6期。

竞争水平和服务品质，降低下游企业营运成本，提升生产率①；舒杏和王佳在 Arnold 的基础上提出消除服务贸易限制，通过中间品贸易和高品质服务进口，在中长期推动制造企业加大对研发环节的投入，具有技术创新激励作用，从而可以提升生产率②；谢慧和黄建忠将制造业进行详细划分，采用三水平多层模型进行实证分析，结果表明，服务业管制方面的改革可以提高本国制造业的生产率③；孟翡通过对中间服务贸易对货物出口效应影响机制的研究，创新性地提出两条影响途径④；王维薇以 OECD 成员国为例，研究了服务贸易限制性指数对服务贸易的抑制作用和影响机制⑤。

由于服务贸易壁垒对一国贸易发展和产品出口的作用日益凸显，许多学者对高新技术产品影响因素的分析转向服务贸易壁垒，主要涉及知识产权壁垒和技术性贸易壁垒两个方面。首先，多数学者分别用理论分析法、实证分析法和案例分析法等不同方法探究了知识产权壁垒对高新技术产品出口的影响。例如：徐艳通过对中美、中欧之间贸易摩擦的分析，探究了知识产权壁垒如何影响中国高新技术产品出口⑥；白璐通过分析中国企业遭受知识产权壁垒的现状，并借助电池纠纷案和电动平衡车纠纷案两个案例，分析了知识产权壁垒对高新技术产品的短期消极影响和长期积极影响等⑦。其次，除知识产权壁垒外，也有部分学者针对技术性贸易壁垒对高新技术产品出口的影响做了分析。谢娟娟和梁虎诚通过分析数量、价格的双重控制效应和贸易条件恶化效应，分析了技术性贸易壁垒对高新技术产品出口的影响⑧；樊兢运用随机前沿引力模

---

① J. M. Arnold, B. S. Javorcik, M. Lipscomb, & A. Mattoo, "Service Reform and Manufacturing Performance: Evidence from India," *The Economic Journal* 126 (2014): 1–39.
② 舒杏、王佳：《生产性服务贸易自由化对制造业生产率的影响机制与效果研究》，《经济学家》2018 年第 3 期。
③ 谢慧、黄建忠：《服务业管制改革与制造业生产率——基于三水平多层模型的研究》，《国际贸易问题》2015 年第 2 期。
④ 孟翡：《中间服务贸易自由化的货物出口效应——关于二者影响机制的研究综述》，《国际经贸探索》2018 年第 1 期。
⑤ 王维薇：《减少监管分歧会促进服务贸易增长吗?》，《世界经济研究》2019 年第 3 期。
⑥ 徐艳：《知识产权壁垒对我国高新技术产品出口的影响研究》，《改革与战略》2015 年第 5 期。
⑦ 白璐：《知识产权壁垒对我国高新技术产品出口贸易的影响分析》，硕士学位论文，对外经济贸易大学，2017。
⑧ 谢娟娟、梁虎诚：《TBT 影响我国高新技术产品出口的理论与实证研究》，《国际贸易问题》2008 年第 1 期。

型,分析了进口国规制环境对一国高新技术产品贸易成本、贸易效率以及出口效率的影响,得出结论:技术性贸易壁垒的减少能够促进中国高新技术产品的出口①;樊秀峰等以共建"一带一路"国家为例,从集约边际和扩展边际的二元边际角度分析了技术性贸易壁垒与中国高新技术产品出口之间的关系②。

(四)研究假设

通过对学者文献的梳理不难发现,大多数学者主要从宏观层面分析了高新技术产品出口的影响因素,比如汇率变动、研发支出、技术创新等,少数学者关注了服务贸易壁垒对产品出口的影响,而为数不多的研究主要是针对知识产权壁垒和技术性贸易壁垒,关于其他服务贸易壁垒对高新技术产品出口的影响研究较少,特别是对电信服务贸易壁垒的研究很少,仅有的部分研究也是研究电信服务的发展对一国经济发展的影响,如董宝奇通过测度电信服务科技进步贡献率,研究电信服务业对产业结构的推动、对价格稳定的作用以及对一国经济增长的总体影响③。本文从电信服务贸易壁垒角度入手,通过分析电信服务贸易壁垒对高新技术产品出口的影响,在更微观的视角下分析服务贸易壁垒对货物贸易发展的影响机制。

从之前学者的研究中可以看出,服务贸易壁垒对一国的高新技术产品具有负向作用。本文将从三种影响渠道入手,分析电信服务贸易壁垒对高新技术产品出口的影响。

第一,电信服务贸易壁垒增加了国外服务企业进入本国的壁垒,限制了本国的服务贸易开放程度,阻止了国内进口高效质优、种类多样的服务,导致服务贸易的成本增加以及生产率降低④,使得本国下游的制造业,特别是技术密集型产业——高新技术产业的生产成本增加,进而使其出口降低。

---

① 樊兢:《进口国规制环境对中国高新技术产品出口效率的影响——基于"一带一路"沿线47个国家的实证研究》,《中国社会科学院研究生院学报》2018年第6期。
② 樊秀峰、郭嫚嫚、魏昀妍:《技术性贸易壁垒对中国高新技术产品出口二元边际的影响——以"一带一路"沿线国家为例》,《西南交通大学学报》2019年第1期。
③ 董宝奇:《电信服务业与中国经济增长的实证分析》,《今日中国论坛》2012年第10期。
④ H. Kasahara, B. Lapham, "Productivity and the Decision to Import and Export: Theory and Evidence," *Journal of International Economics* 89(2013):297–316.

第二，电信服务贸易壁垒对于服务贸易进口的限制直接或者间接影响制造业的技术创新，通过影响本国高新技术产业的生产率以及高新技术产业出口产品质量的发展升级[①]，进一步影响出口。

第三，电信服务贸易壁垒限制本国对于人力资本的引进，导致本国技术领域人才体系与高新技术产品生产所需人才不匹配，中间服务质量下降，服务成本上升，继而使得本国高新技术产品的生产成本增加，造成出口降低。

二 电信服务贸易壁垒对高新技术产品出口影响的实证分析

（一）基本回归模型

上文对影响渠道的分析说明电信服务贸易壁垒对下游制造业特别是高新技术产业具有相应的影响。基于文献综述和对影响渠道的相关分析，本文构建以下模型进行实证分析：

$$\ln trade_{it} = \alpha_0 + \alpha_1 \ln stri_{it} + \alpha_2 pgdp_{it} + \alpha_3 open + \alpha_4 hr + \alpha_5 pat + \varepsilon \quad (1)$$

其中，$trade_{it}$ 表示 t 时期该国高新技术产品出口总额；$stri_{it}$ 表示 t 时期该国电信服务贸易限制指数，用来描述该国电信服务贸易壁垒强度；$pgdp_{it}$ 用来衡量 t 时期该国经济发展水平，用该国人均 gdp 表示；$open$ 表示该国服务业开放程度，采用该国服务贸易进口额加上出口额之和比上 gdp 来表示；hr 表示该国人力资本积累，采用该国高等教育入学人数比上本国总人数来表示；pat 表示该国创新效率，采用该国的专利申请数量表示。

（二）变量描述和数据来源

本文选取了 45 个国家[②]的服务贸易数据来实证检验并进行分析，所选取的样本数据的年份跨度为 2014~2017 年。表 1 列出了各主要变量的名称和含义、所选取数据的来源以及理论上各变量的符号预期。对核心解释变量和被解释变量取对数后，各变量描述性统计量如表 2 所示。

[①] M. Bas, V. Strauss-Kahn, "Input-trade Liberalization, Export Prices and Quality Upgrading," *Journal of International Economics* 95(2015): 250–262.

[②] 包括 36 个 OECD 国家和 9 个非 OECD 国家，是世界上主要的经济体，具有强烈的代表性。

表1 变量定义、数据来源和理论符号预期

变量名称	变量含义	数据来源	理论符号预期
$trade_{it}$	t 时期该国高新技术产品出口总额	世界银行 WDI 数据库	无
$stri_{it}$	t 时期该国电信服务贸易限制指数	OECD Regulatory Database	-
$pgdp_{it}$	t 时期该国经济发展水平	世界银行 WDI 数据库	+
$open$	该国服务业开放程度	世界银行 WDI 数据库	-
hr	人力资本积累	世界银行 WDI 数据库	-
pat	创新效率	世界银行 WDI 数据库	+

表2 主要变量的描述性统计量

变量	观测值数	平均值	标准差	最小值	最大值
$\ln trade_{it}$	180	22.93898	1.851534	18.28741	27.0487
$\ln stri_{it}$	180	-1.507256	0.3909185	-2.258252	-0.5804815
$pgdp_{it}$	180	32176.13	23639.52	1576.004	119225.40
$open$	180	27.93808	43.40985	4.232764	301.377
hr	180	68.13418	23.20417	0.9889212	131.0255
pat	180	43192.76	166805.9	9	1245709

（三）实证回归及分析

1. 电信服务贸易壁垒对高新技术产品出口影响的基本回归

（1）电信服务贸易壁垒对高新技术产品出口影响的全样本回归。本文利用45个国家4个年度的全样本面板数据，根据 Hausman 检验结果，选择使用随机效应，进一步对模型进行异方差和序列相关等问题的检验，发现数据整体存在异方差和一阶组内自相关问题，因此选择 GLS 对上述模型进行实证回归分析，表3为全样本回归结果。

表3 电信服务贸易壁垒对高新技术产品出口影响的全样本回归结果

Variables	$\ln trade_{it}$
$\ln stri_{it}$	-1.043***
	(0.155)
$pgdp_{it}$	3.37e-05***
	(2.61e-06)

续表

Variables	$lntrade_{it}$
open	−0.0250***
	(0.00159)
hr	−0.0274***
	(0.00250)
pat	5.14e−06***
	(4.13e−07)
Constant	22.61***
	(0.151)
Observations	180
Number of id	45

注：括号中的数值为标准差，***、**和*分别表示在1％、5％和10％的水平上显著，下同。

表3的回归结果显示，电信服务贸易壁垒的存在会抑制一国高新技术产品的出口。具体而言，电信服务贸易限制指数每增长1％，高新技术产品出口额将减少1.043％。电信服务贸易限制程度的降低将会促使国内进口更多的优质服务，而更多的国际尖端服务进入本国市场，会给本国带来相应的行业竞争环境，对本国的高新技术产业产生技术创新的激励作用，而进口更多质优价廉、种类丰富且更为可靠的服务能够降低本国的固定成本、可变成本，生产成本的节约可带来更多利润，使制造业企业更有可能支付创新所需的固定成本并提高生产率，进而提高高新技术产品的出口。

经济发展水平（$pgdp$）、创新效率（pat）在回归中的系数为正并且显著，说明一国经济发展水平和创新效率的提高能够促进本国高新技术产品的出口，即经济发展水平与创新效率每增长1％，高新技术产品出口额将分别提高0.0000337％、0.00000514％。经济发展水平越高的国家，国内生产服务的种类越多，而服务种类多样化能够减少本国研发支出，降低本国研发创新成本[1]，有利于降低高新技术产品的生产成本进而增加其出口。本国企业技术的创新，将会降低企业的生产成本，继而

---

[1] 顾国达、朱晗骐：《服务贸易技术含量与工业生产率——基于跨国面板数据的实证研究》，《国际经贸探索》2017年第2期。

增加企业利润，促使企业大量生产高新技术产品并出口。

服务业开放程度（open）、人力资本积累（hr）在回归中的系数显著为负，说明对于服务业开放程度较高的国家来说，可能本国的经济发展集中在第三产业，而对高新技术需求较高的第一、第二产业则较少发展，导致高新技术产品出口额减少。在人力资本方面，接受高等教育人数每增加1%，本国高新技术产品出口额就会减少0.0274%。这主要是由现今世界各国内部人才体系的构成与高新技术产业的发展不匹配造成的，相关的高新技术专业领域缺乏相应的技术型人才，抑制了高新技术产业的发展升级，进一步影响了高新技术产品的生产与出口。

（2）电信服务贸易壁垒对高新技术产品出口影响的分政策措施回归。为了探究电信服务贸易壁垒不同政策措施对本国高新技术产品出口的影响，下面将对五种不同政策措施①分别进行回归，表4为所得到的回归结果。

表4 电信服务贸易壁垒对高新技术产品出口影响的分不同政策措施回归结果

Variables	(1) $\ln trade_{it}$	(2) $\ln trade_{it}$	(3) $\ln trade_{it}$	(4) $\ln trade_{it}$	(5) $\ln trade_{it}$
$pgdp_{it}$	3.26e−05*** (1.96e−06)	3.60e−05*** (2.05e−06)	3.38e−05*** (2.60e−06)	3.16e−05*** (2.68e−06)	3.43e−05*** (1.87e−06)
open	−0.0244*** (0.00153)	−0.0233*** (0.00170)	−0.0222*** (0.00136)	−0.0235*** (0.00164)	−0.0219*** (0.00156)
hr	−0.0253*** (0.00150)	−0.0201*** (0.00194)	−0.0195*** (0.00230)	−0.0261*** (0.00244)	−0.0207*** (0.00180)
pat	5.82e−06*** (4.98e−07)	4.80e−06*** (5.14e−07)	4.77e−06*** (4.86e−07)	4.93e−06*** (3.72e−07)	4.98e−06*** (5.22e−07)
$\ln stri1_{it}$	−0.651*** (0.0998)				
$\ln stri2_{it}$		−0.293*** (0.0814)			

---

① 五种政策措施分别为外资流入（stri1）、自然人流动（stri2）、其他歧视性措施（stri3）、竞争障碍（stri4）以及监管透明度（stri5）。

续表

Variables	(1) $\ln trade_{it}$	(2) $\ln trade_{it}$	(3) $\ln trade_{it}$	(4) $\ln trade_{it}$	(5) $\ln trade_{it}$
$\ln stri3_{it}$			-0.0546 (0.0963)		
$\ln stri4_{it}$				-0.485*** (0.0580)	
$\ln stri5_{it}$					0.0757 (0.0837)
Constant	22.18*** (0.259)	22.39*** (0.366)	23.30*** (0.491)	22.89*** (0.169)	23.84*** (0.285)
Observations	180	180	180	180	180
Number of id	45	45	45	45	45

表4回归结果显示,外资流入、自然人流动、其他歧视性措施、竞争障碍四种政策措施的施加会减少一国高新技术产品的出口,而监管透明度对一国高新技术产品的出口存在正向的影响。外资流入、自然人流动、竞争障碍三种政策措施对高新技术产品出口有显著的负向影响,具体来说,外资流入、自然人流动、竞争障碍每增加1%,高新技术产品出口额将分别减少0.651%、0.293%、0.485%。在三种政策措施中,负向影响最大的为外资流入,这是因为电信服务主要是通过跨境支付和商业存在这两种形式存在,对外资流入的限制将直接影响电信服务的提供,使得外资流入对一国高新技术产品出口的影响较大①。对于其他歧视性措施和监管透明度这两种政策措施来讲,由于其系数较小,所以可以认为它们对一国高新技术产品的出口没有明显的影响。通过分政策措施回归,我们可以验证电信服务贸易壁垒的设定对一国高新技术产品出口具有显著的负向影响。

(3)稳健性检验。考虑到电信服务贸易壁垒对高新技术产品出口的影响可能存在一定的动态时间滞后性,即当年的高新技术产品出口额会受到上一年度各国对电信服务贸易限制程度的影响,可能会造成该模型

---

① 修媛媛、付亦重:《中国电信服务贸易管制及政策差异性影响研究》,《国际经贸探索》2014年第5期。

的内生性。因此，本文将滞后一期变量作为工具变量，并采用对数形式进行稳健性检验，使用 GMM 的方法并构建如下动态数据模型：

$$\ln trade_{it} = \alpha_0 + \alpha_1 \ln stri_{it-1} + \alpha_2 pgdp_{it} + \alpha_3 open + \alpha_4 hr + \alpha_5 pat \quad (2)$$

根据表 5 的结果可知，电信服务贸易壁垒对一国高新技术产品出口具有显著的负向影响，且系数与当期电信服务贸易限制程度对高新技术产品出口的影响大致相等，这就能够验证之前的结论，电信服务贸易壁垒的存在会抑制一国高新技术产品的出口。

表 5 滞后一期变量作为工具变量的稳健性检验

Variables	$\ln trade_{it}$
$\ln stri_{it}$	-1.020**
	(0.415)
$pgdp_{it}$	3.08e-05***
	(7.49e-06)
open	-0.0216***
	(0.00412)
hr	-0.0248***
	(0.00662)
pat	4.83e-06***
	(7.33e-07)
Constant	22.49***
	(0.583)
Observations	135
R-squared	0.367

2. 电信服务贸易壁垒对高新技术产品出口影响路径的回归分析

为了验证电信服务贸易壁垒对高新技术产品出口的影响路径，本文加入了三个交互项进行研究，分别为 $stri_{it}$ 与本国创新效率的交互项 stripat、$stri_{it}$ 与本国服务业开放程度的交互项 striopen 以及 $stri_{it}$ 与本国人力资本积累的交互项 strihr，设定的模型为：

$$\ln trade_{it} = \alpha_0 + \alpha \ln stri_{it} + \alpha_2 pgdp_{it} + \alpha_3 open + \alpha_4 hr + \alpha_5 pat + \alpha_6 \ln stripat + \varepsilon \quad (3)$$

$$\ln trade_{it} = \alpha_0 + \alpha_1 \ln stri_{it} + \alpha_2 pgdp_{it} + \alpha_3 open + \alpha_4 hr + \alpha_5 pat + \alpha_6 \ln striopen + \varepsilon \quad (4)$$

$$lntrade_{it} = \alpha_0 + \alpha_1 lnstri_{it} + \alpha_2 pgdp_{it} + \alpha_3 open + \alpha_4 hr + \alpha_5 pat + \alpha_6 lnstriohr + \varepsilon \quad (5)$$

(1) 电信服务贸易壁垒对高新技术产品出口影响路径的全样本回归。表6中回归模型（1）加入了电信服务贸易壁垒和一国创新效率的交互项，其系数显著为负，表明电信服务贸易限制指数越高，创新效率的提升导致高新技术产品出口额增长得越少。主要原因是电信服务贸易限制程度较高的国家很难从国外进口质量更优、技术更先进的生产性服务，继而对本国的高新技术领域产生示范引领作用。生产性服务在产业链中所拥有的市场势力，会使其下游制造业在技术创新过程中获得的收益被低效率的服务企业和低技术的制造企业攫取，使得本国高新技术产品的自主研发效率不足，因此即使创新效率提升，也会使得本国高新技术产品的出口额增长幅度减小甚至出口额减少。

表6　电信服务贸易壁垒对高新技术产品出口影响路径的全样本回归结果

Variables	(1)	(2)	(3)
$lnstri_{it}$	-0.533 ***	-0.490 **	-1.001 ***
	(0.162)	(0.234)	(0.385)
$pgdp_{it}$	2.80e-05 ***	3.89e-05 ***	3.36e-05 ***
	(2.67e-06)	(3.13e-06)	(2.70e-06)
open	-0.0214 ***	-0.0683 ***	-0.0249 ***
	(0.00175)	(0.0238)	(0.00169)
hr	-0.0268 ***	-0.0264 ***	-0.0235 ***
	(0.00210)	(0.00264)	(0.00887)
pat	-6.50e-07	4.84e-06 ***	5.22e-06 ***
	(1.08e-06)	(4.27e-07)	(4.07e-07)
lnstripat	-5.93e-06 ***		
	(9.70e-07)		
lnstriopen		-0.0211 *	
		(0.0118)	
lnstrihr			0.00166
			(0.00576)
Constant	23.33 ***	23.45 ***	22.64 ***
	(0.208)	(0.361)	(0.502)
Observations	180	180	180

续表

Variables	(1)	(2)	(3)
Number of id	45	45	45

表6中回归模型（2）加入了电信服务贸易壁垒和一国服务业开放程度的交互项，其系数显著为负，表明电信服务贸易限制程度越高，本国服务业开放程度的提升导致高新技术产品出口额增长得越少。主要原因是对于高新技术产品这类技术密集型产品来说，运输和通信技术作为生产性服务的中间投入流入下游生产环节的情况比较普遍，而其他服务作为中间投入流入下游生产环节的情况一般较少[15]。因此，电信服务贸易壁垒的存在将更多地导致高新技术产品出口的变化。即使本国服务业的整体开放程度很高，但电信行业的限制指数较高也会对本国的制造业产生较大的影响，导致高新技术产品出口额增长变缓甚至减少。

表6中回归模型（3）加入了电信服务贸易壁垒和本国人力资本积累的交互项，其系数为正，但并不显著，可能是发展中国家与发达国家人力资本积累对本国高新技术产品出口的影响两相抵消导致结果并不显著。

（2）电信服务贸易壁垒对高新技术产品出口影响路径的分区域回归。将45个国家分为发达国家和发展中国家两个分样本①，分别考察其电信服务贸易壁垒对本国高新技术产品出口影响的路径，得到的回归结果如表7所示。

表7中的回归结果模型（1）显示不论是发展中国家还是发达国家，电信服务贸易限制程度越高，创新效率的提升导致高新技术产品出口额增长得越多，但是对于发达国家来说这种效应较弱，主要是因为发展中国家更多以中低端加工制造业为核心，对技术的需求较低，本身技术水平发展较低。所以对于发展中国家，电信服务贸易限制程度越高，越能更多地保护本国技术，此时本国创新效率的提升，将会使本国高新技术进一步发展，继而使本国高新技术产品出口增加。而对于发达国家来说，

---

① 45个国家包括27个发达国家和18个发展中国家或新兴经济体。27个发达国家包括澳大利亚、奥地利、比利时、加拿大、捷克、丹麦、芬兰、法国、德国、希腊、匈牙利、冰岛、爱尔兰、意大利、日本、韩国、卢森堡、荷兰、新西兰、挪威、波兰、葡萄牙、斯洛伐克、瑞士、瑞典、英国、美国。18个发展中国家或新兴经济体包括巴西、智利、中国、哥伦比亚、哥斯达黎加、爱沙尼亚、印度、印度尼西亚、以色列、拉脱维亚、立陶宛、马来西亚、墨西哥、俄罗斯、斯洛文尼亚、南非、西班牙、土耳其。

随着国内竞争环境的改善,国内创新效率和生产率低的企业已经被淘汰,技术水平、生产率高的企业能够获得更多的市场份额,使得本国创新效率比较高[1]。所以,发达国家创新效率的提升速度可能不会超过发展中国家提升的速度,因而对于发达国家来说这种效应要弱于发展中国家。

表7 电信服务贸易壁垒对高新技术产品出口影响路径的分区域回归结果

	发展中国家			发达国家		
	(1)	(2)	(3)	(1)	(2)	(3)
Variables	$lntrade_{it}$	$lntrade_{it}$	$lntrade_{it}$	$lntrade_{it}$	$lntrade_{it}$	$lntrade_{it}$
$lnstri_{it}$	1.310***	-0.831	3.268***	-2.951***	0.908***	3.516**
	(0.280)	(0.607)	(0.821)	(0.212)	(0.213)	(1.520)
$pgdp_{it}$	3.12e-05**	2.55e-05**	4.07e-05***	2.62e-05***	1.28e-05***	7.22e-06***
	(1.23e-05)	(1.18e-05)	(1.24e-05)	(1.95e-06)	(2.03e-06)	(2.29e-06)
open	-0.0276***	0.135***	-0.0262***	-0.0291***	-0.196***	-0.0164***
	(0.00995)	(0.0431)	(0.00913)	(0.00165)	(0.0210)	(0.00211)
hr	-0.00997**	-0.0150***	-0.0477***	-0.0433***	-0.0385***	-0.136***
	(0.00435)	(0.00429)	(0.0146)	(0.00173)	(0.00200)	(0.0332)
pat	3.46e-05***	4.26e-06***	3.67e-06***	5.76e-05***	8.60e-06***	1.00e-05***
	(9.20e-06)	(3.75e-07)	(3.26e-07)	(4.15e-06)	(7.81e-07)	(5.76e-07)
$lnstripat_{it}$	3.77e-05***			2.60e-05***		
	(1.12e-05)			(2.11e-06)		
$lnstriopen_{it}$		0.109***			-0.0874***	
		(0.0291)			(0.0108)	
$lnstrihr$			-0.0294**			-0.0603***
			(0.0120)			(0.0192)
Constant	24.45***	21.93***	26.61***	21.05***	28.09***	31.72***
	(0.282)	(0.573)	(0.797)	(0.365)	(0.408)	(2.582)
Observations	72	72	72	108	108	108
Number of id	18	18	18	27	27	27

表7中模型(2)结果显示对于发展中国家,电信服务贸易限制程

---

[1] H. K. Nords, D. Rouzet, "The Impact of Services Trade Restrictiveness on Trade Flows," *The World Economy* 40(2017):1155-1183.

度越高，本国服务业开放程度的提升导致高新技术产品出口额增长得越多，而对于发达国家，电信服务贸易限制程度越高，本国服务业开放程度的提升导致高新技术产品出口额增长得越少。这表明在都存在电信服务贸易壁垒的情况下，本国服务业开放程度高低对发展中国家和发达国家高新技术产品出口的影响不同，主要原因是发展中国家和发达国家发展水平不一，发展中国家服务业开放程度的提升可以导致本国人力资本投资、外商直接投资的增大，可以减少电信服务贸易壁垒带来的负面影响，而对于发达国家来说，由于本身发展水平较高，本国服务业开放程度提升并不能对高新技术产业的发展产生更大的促进作用。

表7中模型（3）结果显示对于发展中国家和发达国家来说，电信服务贸易壁垒的存在会导致一国人力资本积累的减少，进而使本国高新技术产品出口减少，主要原因是电信服务贸易壁垒会限制本国对技术性人才的引进，而进口服务的知识含量越高，其下游制造业的生产率提升幅度就越大。本国技术型人才引进的减少会造成本国高新技术领域人才体系不完备，使高新技术产品生产率下降，造成本国高新技术产品出口减少。而对于发达国家和发展中国家来说，影响不全相同，结果显示，电信服务贸易壁垒影响一国人力资本积累导致本国高新技术产品减少的程度，发达国家要明显高于发展中国家，可能原因有：第一，对于发达国家来说，其主要生产技术密集型产品，以高新技术产品为主，所以设置相同的电信服务贸易壁垒，对发达国家的影响显著高于发展中国家；第二，就发展中国家而言，其制造业对中间服务的需求主要依靠国际贸易而非国内贸易，但是如果国内企业本身对中间服务的吸收能力较弱，那么这时虽然会产生部分出口效应，但是效应比较弱。

3. 电信服务贸易壁垒影响高新技术产品出口的门槛效应分析

（1）门槛模型的设定。通过上述实证分析，我们了解到电信服务贸易进口的壁垒会对高新技术产品的出口产生负向的影响，但是各影响渠道的影响效应较为不同，这说明电信服务贸易壁垒对高新技术产品的出口存在一定的"门槛效应"。为了考虑数据的结构性变化，本文还将采用Hansen发展的门槛效应模型[①]对电信服务贸易壁垒的影响区间进行

---

① B. E. Hansen, "Threshold Effects in Non-dynamic Panels: Estimation, Testing and Inference," *Journal of Econometrics* 93 (1999): 345–368.

进一步的考察。该模型可以根据数据本身的特点内生地划分各渠道的影响区间，具体设计如下：

$$lntrade_{it} = \alpha_0 + \beta_1 lnstri_{it} \times I(g_{it} \leq \tau) + \beta_2 stri_{it} \times I(g_{it} > \tau) + \alpha X_{it} + \varepsilon \qquad (6)$$

其中，$lntrade_{it}$ 为被解释变量；$lnstri_{it}$ 为解释变量，会受到门槛变量的影响；g_{it} 为门槛变量（包括人力资本积累、创新效率和服务业开放程度）；τ 为特定门槛值；X_{it} 为模型中其他的控制变量。

（2）门槛条件的检验。本文基于门槛模型的估计方法，使用 Stata13 软件对数据进行门槛回归分析，检验结果见表 8。由表 8 可知，对于三个影响渠道，模型均通过了单一门槛和双重门槛的显著性检验，但三重门槛没有通过显著性检验，说明门槛模型的最优门槛值个数为 2 个，于是本文选择双重门槛模型进行实证分析。

表 8　门槛条件的检验结果

	人力资本积累	创新效率	服务业开放程度
单一门槛检验	39.408*** (0.000)	14.369*** (0.000)	3.790*** (0.000)
双重门槛检验	22.192*** (0.000)	160.705*** (0.000)	176.835*** (0.000)
三重门槛检验	-0.000 (0.780)	0.000 (0.310)	0.000 (0.373)

注：*、** 和 *** 分别表示 10%、5% 和 1% 的显著性水平，临界值与 p 值均采取 Bootstrap 模拟 300 次得到。

（3）门槛估计值及真实性检验。门槛条件通过检验后，各门槛的估计值和相应的 95% 置信区间列示于表 9。

表 9　门槛估计值与置信区间

	人力资本积累		创新效率		服务业开放程度	
	门槛估计值	95% 置信区间	门槛估计值	95% 置信区间	门槛估计值	95% 置信区间
第一个门槛	49.914	(49.914, 53.279)	792.00	(792.00, 792.00)	6.812	(6.812, 6.812)
第二个门槛	88.057	(86.312, 88.627)	300000	(300000, 300000)	24.802	(23.478, 25.040)

根据门槛模型的估计值，本文将对三条影响路径的双重门槛影响效果进行分析。

首先，不同人力资本积累程度下电信服务贸易壁垒对高新技术产品出口的影响存在一定的差异。虽然影响效应都是显著的负效应，但是我们发现影响的程度发生了变化：当人力资本积累低于或等于第一个门槛值时，电信服务贸易壁垒的影响系数为-2.185；当人力资本积累高于第一个门槛值并低于或等于第二个门槛值时，电信服务贸易壁垒的影响系数增大为-1.370；当人力资本积累高于第二个门槛值时，电信服务贸易壁垒的影响系数又变小为-0.831，这说明在人力资本积累的不同水平，高新技术产品出口国电信服务贸易壁垒对高新技术产品出口的抑制作用不一样，当人力资本的发展处于下游水平时，该抑制作用最为明显。可能的原因是：当高新技术产品出口国人力资本积累水平比较低时，其国内劳动力对技术的吸收和引进需求更大，因此电信服务贸易壁垒的存在在很大程度上阻碍了技术通过信息渠道的外溢；随着人力资本积累水平的提升，提升高新技术产品生产能力和出口竞争力的动力主要来自国内的人力资本积累，因此电信服务贸易壁垒的信息传递阻碍作用并不那么明显。

其次，不同创新效率下电信服务贸易壁垒对高新技术产品的出口存在显著的差异化影响。根据检验结果，创新效率比较低的时候，电信服务贸易壁垒的设置不仅没有阻碍本国高新技术产品的出口，反而还会带来高新技术产品出口的增加（当高新技术产品出口的创新效率也就是专利申请数量小于792件的时候，电信服务贸易壁垒的提高可在很大程度上促进高新技术产品的出口；当高新技术产品出口的创新效率也就是专利申请数量大于792件并小于300000件的时候，电信服务贸易壁垒对高新技术产品出口的促进作用下降），但是随着创新效率的提升，电信服务贸易壁垒会抑制高新技术产品的出口[①]。总体来讲，这可能是因

---

① 通过对创新效率数据的具体观察，本文发现：对于总样本而言，中国的年专利申请数量属于异常多的样本。因此，为了保证模型的稳定性，本文又尝试将中国的样本剔除，考察基于创新效率的门槛模型，结果显示：双重门槛依然显著，两个门槛值分别为14.343和300.416，三个区间上电信服务贸易壁垒对高新技术产品出口的影响系数分别为-0.611** （-2.36）、-1.803*** （-8.21）和-4.269*** （-12.66），这与考虑中国样本的检验结果稍有差异，但影响的方向相同，即随着创新效率的提升，电信服务贸易壁垒对高新技术产品出口的抑制作用将越来越明显。

为高新技术产品出口国创新效率较低时，对本国生产率的提升作用不明显，电信服务贸易壁垒的设置能够阻碍来自国外的竞争，给本国的幼稚产业和已经发展为规模经济的行业提供发展空间；但当创新效率处于比较高的水平时，电信服务贸易壁垒就会造成资源配置的扭曲，阻碍生产和出口的增加。

最后，不同服务业开放程度下电信服务贸易壁垒对高新技术产品出口的影响存在比较大的波动。当高新技术产品出口国服务业的开放水平低于6.812时，电信服务贸易壁垒对高新技术产品的出口影响显著为正；当出口国服务业开放水平高于6.812但小于24.802时，电信服务贸易壁垒对高新技术产品的影响变为阻碍作用且较大；当出口国服务业开放水平上升至24.802之上，电信服务贸易壁垒的抑制作用依然存在但有所减轻。这说明当高新技术产品出口国服务业开放程度较低的时候，整体环境的相对封闭和电信服务贸易壁垒的双重作用使国内高新技术产品的生产得到一定的保护，从而由规模经济获得了出口的优势；但是当高新技术产品出口国服务业整体上较为开放的时候，电信服务贸易壁垒对高新技术产品的出口具有一定的抑制作用，某种程度上是因为电信服务贸易壁垒在一定程度上稀释了服务业开放的作用，影响了开放的效果。

表10 门槛模型的估计结果

Variable	(1) $\ln trade_{it}$	(2) $\ln trade_{it}$	(3) $\ln trade_{it}$
$pgdp_{it}$	-0.0000*** (-0.82)	0.0000*** (4.91)	0.0000*** (6.15)
hr		-0.0108*** (-2.83)	-0.0685*** (-13.70)
$open$	-0.0245*** (-8.08)	0.0456*** (7.37)	
pat	0.0000*** (13.77)		0.0000*** (11.29)
$\ln stri$ ($hr \leq 49.914$)	-2.185*** (-6.98)		

续表

Variable	(1) $lntrade_{it}$	(2) $lntrade_{it}$	(3) $lntrade_{it}$
ln$stri$ ($49.914 < hr \leq 88.057$)	-1.370*** (-5.41)		
ln$stri$ ($hr > 88.057$)	-0.831*** (-3.09)		
ln$stri$ ($pat \leq 792$)		2.297*** (8.55)	
pat_2 ($792 < open \leq 300000$)		0.669*** (2.52)	
ln$stri$ ($pat > 300000$)		-0.960*** (-2.36)	
ln$stri$ ($open \leq 6.812$)			1.334*** (2.83)
ln$stri$ ($6.812 < open \leq 24.802$)			-2.284*** (-6.38)
ln$stri$ ($open \leq 24.802$)			-0.639*** (-2.16)
_cons	21.40*** (55.34)	23.43*** (60.65)	24.31*** (53.21)
N	180	180	180

四 结论及政策建议

(一) 结论

本文使用2014~2017年45个国家的跨国面板数据，运用实证分析法研究了电信服务贸易壁垒对高新技术产品出口的影响及其影响路径，结果表明电信服务贸易壁垒会抑制本国高新技术产品的出口，主要通过影响一国的服务业开放水平、创新效率以及人力资本积累来影响高新技术产品的生产成本及生产率进而影响其出口，具体来说有以下几个方面。

从整体上来看，电信服务贸易壁垒的存在会在一定程度上抑制本国高新技术产品的出口。这是因为高新技术产品属于技术密集型产品，对该类产品的研发和生产需要投入更多的生产性服务，电信服务贸易壁垒的存在会导致本国生产性服务进口减少、中间服务价格上升，使高新技术产品的生产成本增加，同时国内缺乏竞争使本国生产性服务质量下降，下游制造业的生产率降低，本国高新技术产品出口减少。此外，对于电信服务贸易壁垒涉及的5种不同政策措施来说，外资流入、竞争障碍、自然人流动三种政策措施对高新技术产品出口有显著的抑制作用，而其他歧视性措施和监管透明度没有显著的影响。此外，为了验证模型的准确性，本文还进行了稳健性检验，采取了滞后一期的方法进行回归分析，结果与基本回归一致，表明模型及结论可信度较高。

从影响路径来看，首先，电信服务贸易壁垒会通过影响一国创新效率影响该国高新技术产品的出口，此路径对发展中国家和发达国家的影响均相同，但对发展中国家的影响相对较弱；其次，电信服务贸易壁垒会通过影响一国服务业开放水平影响该国高新技术产品的出口，此路径从整体来说为负向影响，但对发展中国家和发达国家的影响不尽相同，主要是由发达国家和发展中国家发展水平不同导致；最后，电信服务贸易壁垒会通过影响一国人力资本积累影响该国高新技术产品的出口，但此路径从整体来说并不显著，对发达国家和发展中国家来说均为显著的负向影响。从门槛效应上看，电信服务贸易壁垒对高新技术产品出口的抑制作用依赖于人力资本积累的增加而呈现减弱的趋势；在较低的创新效率下，电信服务贸易壁垒可能会促进高新技术产品的出口，但随着创新效率的提升，阻碍作用逐渐显现；而在服务业不同开放水平下，电信服务贸易壁垒的影响呈现正负交替的特点。

（二）政策建议

在目前全球化的浪潮下，各国的出口都在朝着以高新技术产品为主的方向转型升级，但是各个国家在高新技术领域的发展，在很大程度上会受到其上游生产性服务行业的影响。目前，中国出口商品虽然主要是制成品，但多数是中低技术产品，采用尖端技术生产的高新技术产品较少。对于高新技术产品的生产和出口，中国还面临很多问题，主要是生产性服务行业与制造业发展不匹配、国内高新技术产业结构不合理以及国内企业创新能力不足，无法掌握真正的核心技术。

就目前而言，由于技术水平的制约，中国还无法为制造业提供大规模的优质生产性服务，因此需要从国外进口质量优、规模大的生产性服务。这就要求中国适当降低与高新技术产品相关联的生产性服务的贸易壁垒，特别是影响较为深远的电信服务贸易壁垒，扩大本国服务市场对外开放程度，允许外国资本和高新技术进入本国服务市场，从而提高国内竞争水平并使制造业企业能够学习国外先进的科学技术以提高生产性服务行业的水平，提高制造业发展水平，促进本国高新技术产品的出口。

此外，人才是一国技术发展创新、国际贸易顺利进行最重要的因素。要想扩大高新技术产品的出口，就要对高新技术产品进行更多的创新，就需要形成完备的人才培养体系，培养质优量足的科学技术人才，发挥人才对高新技术产品研发和出口的作用，适当引进国外技术型人才来促进本国人力资源的培养与优化，并充分发挥本国人力资本积累的作用，促进技术密集型制造业发展创新，降低中间服务成本，提高中间服务质量，降低高新技术产品的生产成本，促进高新技术产品的出口。

为了扩大高新技术产品的生产和出口，还应加大国内对创新研发的投入。高新技术行业相比于一些传统行业来说更具有技术密集、资本密集的特点，投入更多的研发经费能够提升本国高新技术产业企业的科研创新能力，更多地将"中国制造"转化为"中国创造"，并在不断创造的过程中降低中间成本，提高产品质量，进而增加高新技术产品的出口，促进中国出口商品结构的优化，保持经济持续稳定高质量发展。

（责任编辑：孙灵燕）

中国对中南半岛经济走廊对外直接投资的影响因素研究[*]

王琳华 杨永华[**]

摘　要	"一带一路"倡议提出建设中国—中南半岛经济走廊。扩大走廊沿线国家间的投资与贸易规模，有利于寻找促进中国与中南半岛经济走廊沿线国家经贸合作的新路径。在"共商、共建、共享"原则的引导下，中国—中南半岛经济走廊的建设为走廊沿线国家的经贸活动创造了稳定的投资环境，有利于实现走廊沿线国家的共同发展、合作共赢。本文分析了2003~2016年中国对中南半岛经济走廊沿线国家直接投资的情况，总结了中国对中南半岛经济走廊沿线国家直接投资的特点，并构建了计量模型分析中国对中南半岛经济走廊沿线国家直接投资的影响因素，实证分析了母国发达水平、东道国发达水平、东道国市场规模、东道国市场机会及东道国市场吸引力等因素对走廊沿线国家对外直接投资的影响。
关键词	对外直接投资　中国—中南半岛经济走廊　"一带一路"倡议

---

[*] 本文是国家社会科学基金项目"基于中国—中南半岛经济走廊建设的亚洲生产网络重塑路径研究"（18BJL097）的阶段性成果。

[**] 王琳华（1992~），云南师范大学经济与管理学院硕士研究生，主要研究领域为国际贸易学。杨永华（1979~），云南师范大学经济与管理学院教授，金融系主任，经济学博士，理论经济学博士后，主要研究领域为国际经济理论与政策。

引 言

2013年9月,习近平主席首次提出构建"丝绸之路经济带"。同年10月,习近平主席进一步提出了"海上丝绸之路"。至此,"一带一路"倡议初步形成。"一带一路"倡议提出加强各国的互联互通,为各国企业进行跨国投资贸易提供政策保障、制度规范等,为中国的对外经贸合作创造良好稳定的大环境。"一带一路"倡议的提出,不仅可加强中国与共建"一带一路"国家的经贸合作,更可在经贸往来中带动周边其他国家共同发展,实现合作共赢的最终目的。2019年4月27日,习近平总书记在第二届"一带一路"国际合作高峰论坛圆桌峰会上提出"一带一路"倡议为世界经济的增长提供了新的推动力,并进一步提出期待各国经贸持续合作,共同高质量共建"一带一路"。

2015年,中国提出建设中国—中南半岛经济走廊,中国—中南半岛经济走廊是连接南亚、东南亚的重要经济走廊。东南亚国家在"一带一路"建设中扮演着重要的角色,不仅体现在东南亚区域内合作是亚洲地区内最成功的合作范本,还体现在东南亚国家是"一带一路"倡议的重点区域。在"共商、共建、共享"原则的引导下,各国达成追求合作共赢的统一目标,有助于推动中国—中南半岛经济走廊命运共同体的形成,使国家间经贸关系更加紧密,共享走廊建设的成果,促进形成全面开放新格局。中国—中南半岛经济走廊的建设有助于加强国家间的互联互通,减少国家间的制度壁垒,进而推动区域内直接投资的流动,开辟促进中国与走廊沿线国家共同发展的新路径。

近年来,中国的对外直接投资流向集中在发达国家(地区)、中国周边国家(地区)以及离岸金融中心。随着全球贸易与投资格局的不断演变,为保护本国企业的发展、提高本国产业的国际竞争力,西方国家频繁采取保护措施,导致全球贸易保护主义抬头。在此背景下,中国作为一个出口大国,与西方发达国家间的经贸摩擦不断升级,与西方国家经贸合作的发展前景堪忧,与周边国家的经贸合作对中国的发展来说尤为重要。中国—中南半岛经济走廊沿线国家包括中国、越南、老挝、柬埔寨、泰国、缅甸、马来西亚、新加坡共八个国家。首先,从地域上来看,中南半岛经济走廊沿线七国均为北邻中国的国家,在与中国的经贸合作中占据地理优势；其次，中南半岛经济走廊沿线国家对中国的贸易和投资依赖度较高，与中国的合作需求较大；再次，中南半岛经济走廊沿线国家间的经济发展、要素禀赋、市场规模存在较大差异，在生产贸易过程中能够互补，进行国际分工合作的空间较大，为廊内经贸合作创造了条件。在中蒙俄、中国—中亚—西亚、中国—中南半岛、中巴、孟中印缅六条经济走廊中，中南半岛经济走廊与中国进行经贸合作的条件最为成熟。总结来看，中国—中南半岛经济走廊在"一带一路"建设中具有重要的地位。中国已成为东亚生产网路中心[①]，中国—中南半岛经济走廊建设，有利于发挥中国的示范作用，带动走廊沿线国家共同发展，真正实现发展成果共享。投资是区域经济合作的重要方式，一般以跨国公司为载体在国家间流动。对外直接投资能够通过技术溢出、降低融资约束等效应带动东道国的发展。因此，对中国—中南半岛经济走廊沿线国家直接投资影响因素进行研究，对促进中国—中南半岛经济走廊沿线国家的建设与发展具有重要意义。研究中国—中南半岛经济走廊的国际直接投资，能够加快实现党的十九大报告提出的全面开放新格局的形成，寻找巩固中国与邻边国家经贸合作的路径，真正实现"一带一路"倡议提出的互联互通、成果共享。

一 文献综述与理论假说

中国学者对对外直接投资的研究，以东盟或共建"一带一路"国家为主体，往往将中国—中南半岛经济走廊沿线国家作为部分研究对象包含在研究主体之中；研究角度主要包括政治因素、制度因素、区位因素。对政治因素影响的研究：许小平等利用固定效应模型进行实证分析，对"一带一路"倡议背景下签订双边投资协定对中国对外直接投资的影响进行分析，认为双边投资协定的签订对中国对外直接投资存在正向促进作用，同时从东道国经济发展水平来看，双边投资协定的签订对发展中国家的促进作用要大于对发达国家[②]；协天紫光等从政治制度

[①] 喻春娇、张洁莹：《中国融入东亚跨国生产网络的影响因素分析》，《亚太经济》2010年第1期。

[②] 许小平、陆靖、李江：《签订双边投资协定对中国 OFDI 的影响——基于"一带一路"沿线国家的实证研究》，《工业技术经济》2016年第5期。

角度对共建"一带一路"国家的对外直接投资进行了分析研究,认为中国对外直接投资整体以政治风险规避型为主[1];韩民春和江聪聪从东道国政治风险、文化距离和双边关系的角度对中国对外直接投资进行了分析,通过运用面板矫正误差(PCSE)方法,得出良好的双边政治关系能够显著促进中国对外直接投资的结论[2];袁其刚和郤晨从多个方面对中国对东盟的对外直接投资进行了分析研究,认为中国对东盟的直接投资以政治偏好型为主[3]。对制度因素影响的研究:王培志等认为,与对非共建"一带一路"国家的直接投资相比,中国对共建"一带一路"国家的直接投资更具有明显的市场寻求动机[4];谈飞等从各国或地区政治、经济和法律制度的角度出发,发现较大规模的投资行为,更偏向流入政治、经济、法律环境均较好的国家[5]。对区位因素影响的研究:张瑞良认为管制性制度距离和规范性制度距离能够对企业的区位选择产生负向效应[6];刘晓凤等通过综合各方面影响因素,构建了国家距离指标,分析了中国与共建"一带一路"国家的国家距离对中国企业"走出去"区位选择的影响[7]。

传统影响因素对中国企业的投资区位选择仍然重要[8],母国经济实力越强,越能够促进其对外直接投资行为的发生。本文用母国技术水平衡量母国经济实力水平,并做如下假设:

假设1:母国技术水平对对外直接投资存在正向促进作用。

东道国技术水平对母国对外直接投资的区位选择也具有一定的影

---

[1] 协天紫光、张亚斌、赵景峰:《政治风险、投资者保护与中国OFDI选择——基于"一带一路"沿线国家数据的实证研究》,《经济问题探索》2017年第7期。

[2] 韩民春、江聪聪:《政治风险、文化距离和双边关系对中国对外直接投资的影响——基于"一带一路"沿线主要国家的研究》,《贵州财经大学学报》2017年第2期。

[3] 袁其刚、郤晨:《企业对东盟直接投资的政治风险分析》,《国际商务》2018年第3期。

[4] 王培志、潘辛毅、张舒悦:《制度因素、双边投资协定与中国对外直接投资区位选择——基于"一带一路"沿线国家面板数据》,《经济与管理评论》2018年第1期。

[5] 谈飞、赵莹、王豹:《制度因素对我国能源类企业OFDI区位选择的影响——基于"一带一路"倡议背景》,《资源开发与市场》2018年第8期。

[6] 张瑞良:《中国对"一带一路"沿线国家OFDI区位选择研究——基于制度距离视角》,《山西财经大学学报》2018年第3期。

[7] 刘晓凤、葛岳静、赵亚博:《国家距离与中国企业在"一带一路"投资区位选择》,《经济地理》2017年第11期。

[8] 张瑞良:《中国对"一带一路"沿线国家OFDI区位选择研究——基于制度距离视角》,《山西财经大学学报》2018年第3期。

响。通过技术学习效应,对技术发达国家（地区）的投资能够促使母国企业获取东道国企业的核心技术及先进的经营经验[1]，因此技术发达的国家（地区）更能够吸引外资。故有如下假设：

假设2：东道国技术水平对对外直接投资存在正向促进作用。

传统影响因素还包括东道国投资市场情况，从研究角度来看主要有东道国市场规模、东道国市场机会和东道国市场吸引力。

东道国经济规模越大，其国内市场越大，对于投资国而言，对东道国的投资机会越多，越有利于其投资的开展，收益的实现越有保障。相关研究表明，中国的对外直接投资，尤其是市场导向的对外直接投资更倾向于拥有较大市场规模的国家或地区。一般来讲，经济制度环境的开放度和自由度越高，越能够促进市场的良性发展，并能与当地市场规模形成叠加效应，进而促进跨国对外直接投资[2]。相关研究认为东道国市场规模与中国对外直接投资呈正向关联[3][4]，但东道国市场机会和市场吸引力与中国对外直接投资规模的关系并不显著，即东道国的市场机会和市场吸引力对中国对外直接投资的促进方向不明确[5]。故有如下假设：

假设3：东道国市场规模对对外直接投资存在正向促进作用。

假设4：东道国市场机会对对外直接投资的作用方向不显著。

假设5：东道国市场吸引力对对外直接投资的作用方向不显著。

本文通过分析2003~2016年中国对中南半岛经济走廊沿线国家直接投资的流量与存量，归纳总结中国对中南半岛经济走廊沿线国家直接投资的情况与特点，并从母国技术水平、东道国技术水平、东道国市场规模、东道国市场机会和东道国市场吸引力角度分析其对中国对外直接

---

[1] 戴冠：《中国对外直接投资区位选择的影响因素分析》，《经济研究导刊》2019年第15期。

[2] 刘敏、刘金山、李雨培：《母国投资动机、东道国制度与企业对外直接投资区位选择》，《经济问题探索》2016年第8期。

[3] 刘娟：《东道国制度环境、投资导向与中国跨国企业OFDI研究——基于"一带一路"沿线国家数据的Heckman模型分析》，《外国经济与管理》2018年第4期。

[4] 赵明亮：《国际投资风险因素是否影响中国在"一带一路"国家的OFDI——基于扩展投资引力模型的实证检验》，《国际经贸探索》2017年第2期。

[5] 贺娅萍、徐康宁：《"一带一路"沿线国家的经济制度对中国OFDI的影响研究》，《国际贸易问题》2018年第1期。

投资的影响,并进行实证研究。

二 中国对中南半岛经济走廊沿线国家投资状况

2016年,世界经济处于缺乏增长动力的阶段,中国对外直接投资总流量出现了小幅度的下降,但是在"一带一路"倡议的积极推动下,中国的国际产能合作一直保持稳定发展。随着经济走廊的稳步实施与建设,"走出去"战略不断完善,中国各行业融入世界的进程也不断加快。

2003~2016年,中国对世界直接投资流量呈现稳步增长趋势,主要可以分为三个阶段。第一阶段为2003~2007年,中国对外直接投资处于较低的水平,虽然对外直接投资流量在逐年增加,但都低于250亿美元。第二阶段为2008~2012年,中国对外直接投资达到500亿~1000亿美元,呈现了在经历金融危机后,中国对外直接投资在量上的实质性增长,也反映了中国对外直接投资能力的显著提升。第三个阶段为2013~2016年,中国对外直接投资流量的增长幅度显著提高,从1078.4亿美元增长到1961.5亿美元,增长幅度高达81.9%(见图1)。

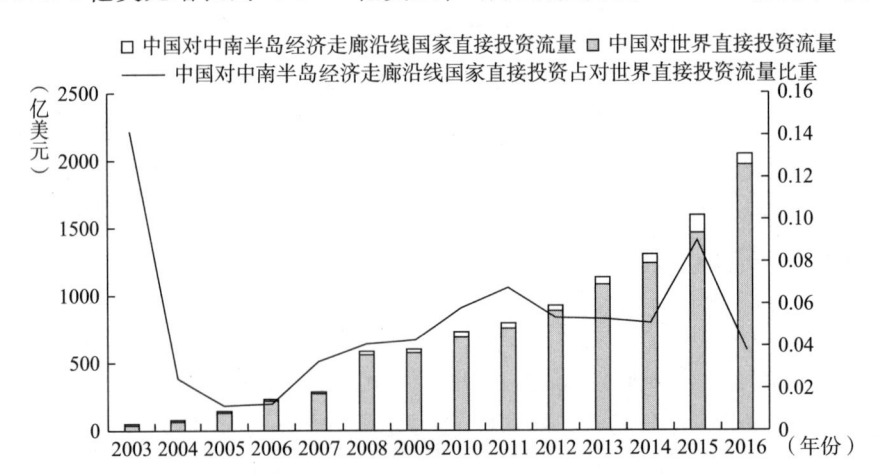

图1 中国对中南半岛经济走廊沿线国家直接投资情况

资料来源:历年中国对外直接投资数据公报。

从中国对中南半岛经济走廊沿线国家直接投资的流量来看,2003~2007年几乎为0。虽然中国对中南半岛经济走廊沿线国家直接投资流量占中国对世界直接投资流量的比重相对较小,但呈现逐渐增加的趋势,说明中南半岛经济走廊在中国对外直接投资中的地位逐年上升。2008～2012年，中国对中南半岛经济走廊沿线国家直接投资流量均低于50亿美元，自2013年起则均维持在50亿美元以上，其中2015年达到131.77亿美元。除2003年由于对世界直接投资流量基数较小导致所占比重偏大外，中国对中南半岛经济走廊直接投资流量占对世界直接投资流量的比重总体呈现浮动上升的态势，虽增长态势不平稳，但总体变动情况体现出中国对中南半岛经济走廊沿线国家直接投资的比重逐年增加，也反映了中南半岛经济走廊在中国经贸发展中的战略地位在逐年上升。

从上面的分析可知，中南半岛经济走廊在中国对外直接投资中的地位逐年上升，吸引的中国投资逐年递增。随着"一带一路"建设进程的加快，中国—中南半岛经济走廊的建设要求中国重视中南半岛经济走廊沿线国家的战略地位，因此研究中国对中南半岛经济走廊直接投资的影响因素对实现"一带一路"倡议具有重要的现实意义。

（一）中国对中南半岛经济走廊沿线国家直接投资存量

从2003～2016年中国对中南半岛经济走廊沿线国家直接投资存量来看，虽然对中南半岛经济走廊七个国家的直接投资存量存在量的差别，但从总体态势来看，中国对七个国家的直接投资存量都呈现上升趋势。其中上升趋势最为显著的是新加坡（见图2）。2003年，中国对中南半岛经济走廊沿线国家直接投资存量均低于20000万美元，其中最低为老挝911万美元，最高为新加坡16483万美元。2003～2008年，中国对中南半岛经济走廊沿线国家直接投资存量增长幅度较低，且七个国家的增长幅度较为一致；从2008年开始，直接投资增加的幅度增大，其中对新加坡的直接投资存量明显高于其他六国，较为突出。在2013年"一带一路"倡议带动下，中国对中南半岛经济走廊的直接投资存量显著增加。2016年，中国对中南半岛经济走廊沿线国家的直接投资存量均在350000万美元以上，其中最低为马来西亚363396万美元，最多为新加坡3344564万美元，是马来西亚的9.2倍。综合而言，新加坡在七国中占据优势地位，其余六国吸引中国外资的水平基本一致。

（二）中国对中南半岛经济走廊沿线国家直接投资流量

2003～2016年，中国对中南半岛经济走廊沿线国家直接投资流量

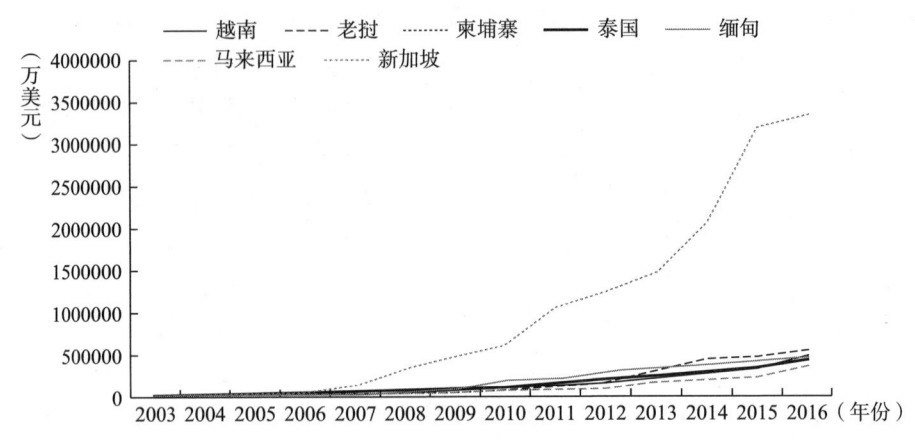

图 2　2003～2016 年中国对中南半岛经济走廊沿线国家直接投资存量情况
资料来源：中国对外直接投资数据公报。

总体呈现波动增长趋势，但波动幅度较大，其中新加坡的波动幅度最为显著（见图 3）。2003～2007 年，中国对中南半岛经济走廊七国的直接投资流量基本走势一致，虽有增长，但增长幅度微小；从 2008 年开始，中国对七个国家的直接投资流量呈现不同的增长幅度，对新加坡直接投资流量明显高于对其他六个国家，且增长的波动幅度较大，其他六国也呈现波动增长的趋势，但波动幅度较小。2015 年，中国对新加坡直接投资流量达到 1045248 万美元。2016 年，中国对中南半岛经济走廊七国直接投资流量均高于 12000 万美元。可见，"一带一路"倡议的提出，通过互联互通的建设，为中国对中南半岛经济走廊沿线国家直接投资提供了稳定健康的环境。尤其是新加坡吸引的中国投资量显著高于其他六国，在中国—中南半岛经济走廊中占据重要地位。

从 2003～2016 年中国对中南半岛经济走廊各国直接投资流量占中国对中南半岛经济走廊总直接投资流量的比重来看，中国对越南、柬埔寨、泰国三国的直接投资流量占总投资流量的比重总体呈下降趋势，对老挝直接投资流量占总投资流量的比重变动幅度较大，在 2006 年、2007 年增长到 18%，2008 年受金融危机影响，仅为 4%。随着"一带一路"倡议的实施，中国对老挝直接投资流量比重增加，2014 年为 16%，而 2015 年、2016 年降到 4%（见表 1）。

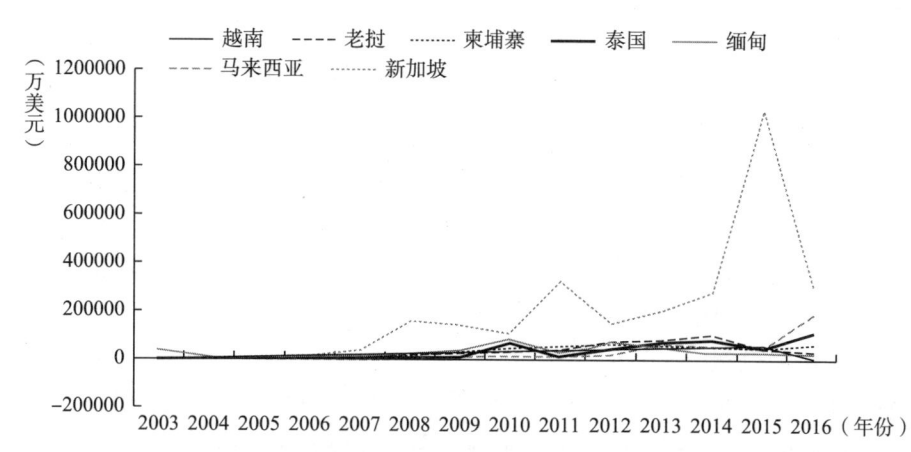

图3 2003~2016年中国对中南半岛经济走廊沿线国家直接投资流量情况

资料来源：中国对外直接投资数据公报。

表1 2003~2016年中国对中南半岛经济走廊沿线各国直接投资流量占中国对中南半岛经济走廊总直接投资流量的比重

单位：%

年份	2003	2004	2005	2006	2007	2008	2009	2010	2011	2012	2013	2014	2015	2016
越南	14	13	15	16	13	5	5	8	4	7	9	5	4	2
老挝	1	3	15	18	18	4	8	8	9	17	14	16	4	4
柬埔寨	24	22	4	4	7	9	9	12	11	12	9	7	3	8
泰国	63	18	3	6	9	2	2	18	5	10	13	13	3	15
缅甸	0	3	8	5	11	10	16	22	4	16	8	5	3	4
马来西亚	2	6	41	3	-4	2	2	4	2	4	11	8	4	24
新加坡	-4	36	15	49	46	68	58	28	65	33	36	45	79	42

资料来源：中国对外直接投资数据公报。

对新加坡直接投资流量所占比重变动幅度最大。2003年，中国对新加坡直接投资流量为负。从2004年起，中国对新加坡直接投资流量比重增加，且明显高于其他六个国家。2015年，中国对新加坡直接投资流量比重高达79%，新加坡成为中南半岛经济走廊沿线国家中吸引中国资金最多的国家。从中国对中南半岛经济走廊直接投资流量与存量总体情况来看，新加坡是中南半岛经济走廊沿线国家中唯一一个发达国家，也是中南半岛经济走廊沿线国家中吸引中国资金最多的国家，吸引的中国投资明显多于其他六个国家。

三 影响中国对外直接投资的因素分析

（一）变量设置

1. 被解释变量

中国对中南半岛经济走廊沿线国家的对外直接投资流量，单位为万美元，缺失数据采用均值法进行补充。

2. 解释变量

母国发达水平（$patent_i$），采用母国居民专利申请量衡量。居民专利年申请量越多，代表母国技术水平越高，母国越发达。

东道国发达水平（$patent_j$），采用中南半岛经济走廊沿线国家居民专利申请量衡量。居民专利年申请量越多，代表东道国技术水平越高，东道国越发达。

东道国市场规模（gdp_j）[①][②]。中南半岛经济走廊沿线国家的市场规模采用该国当期的 GDP 来表示，当期 GDP 水平越高，代表该国市场规模越大。

东道国市场机会（$pgdp_j$）[③]。中南半岛经济走廊沿线国家的市场机会采用该国当期人均 GDP 来表示，当期人均 GDP 水平越高，代表该国的市场机会越大。

东道国市场吸引力（$ggdp_j$）[④]。中南半岛经济走廊沿线国家的市场吸引力采用该国当期人均 GDP 年增长率来表示，当期人均 GDP 年增长率越高，代表该国市场吸引力越大（见表2）。

[①] D. Wheeler, A. Mody, "International Investment Location Decisions: The Case for U. S. Firms," *Journal of International Economics* 33(1992): 57 – 76.

[②] S. J. Wei, J. A. Frankel, "Can Regional Blocs Be a Stepping Stone to Global Free Trade? A Political Economy Analysis," *International Review of Economics & Finance* 5(1992): 339 – 347.

[③] J. Eaton, A. Tamura, "Bilateralism and Regionalism in Japanese and U. S. Trade and Direct Foreign Investment Patterns," *Journal of the Japanese and International Economics* 8(1994): 478 – 510.

[④] R. Lipsey, "The Location and Characteristics of U. S. Affiliates in Asia," NBER Working Paper, 1999, No. 6876.

表2 变量类型、名称、含义及数据来源

变量类型	变量名称	变量含义	数据来源
被解释变量	$OFDI_i$	中国对中南半岛经济走廊沿线国家的对外直接投资流量	中国对外直接投资数据公报
解释变量	$patent_i$	母国居民专利申请量	世界知识产权网
	$patent_j$	中南半岛经济走廊沿线国家居民专利申请量	世界知识产权网
	gdp_j	中南半岛经济走廊沿线国家当期GDP	世界银行
	$pgdp_j$	中南半岛经济走廊沿线国家当期人均GDP	世界银行
	$ggdp_j$	中南半岛经济走廊沿线国家当期人均GDP年增长率	世界银行

（二）估计模型与回归分析

本文重点分析母国和东道国技术水平以及东道国市场情况对中国对外直接投资的影响。根据此研究目的，本文参考贸易引力模型，在原始引力模型的基础上进行改进，得到新的引力模型。为提高实证结果准确性，减少数据的波动和数据之间的异方差性对实证结果的影响，本文对计量模型的等式两边同时取对数。所得计量模型如下：

$$\ln OFDI_{it} = \alpha_0 + \beta_0 \ln patent_{it} + \beta_1 \ln patent_{jt} + \beta_2 \ln gdp_{jt} + \beta_3 \ln pgdp_{jt} + \beta_4 \ln ggdp_{jt} + \mu_{it}$$

其中，i为母国即中国，j为东道国即中南半岛经济走廊沿线国家，t为时间，α_0为常数项，μ_{it}为随机误差项，$OFDI_{it}$为t年母国对东道国的直接投资流量，$patent_{it}$为t年母国居民专利申请量，$patent_{jt}$为t年东道国居民专利申请量，gdp_{jt}为t年东道国当期GDP，$pgdp_{jt}$为t年东道国当期人均GDP，$ggdp_{jt}$为t年东道国当期人均GDP年增长率。鉴于数据的可获得性，本文运用越南、泰国、马来西亚、新加坡2007~2016年的面板数据进行实证分析，来验证前文所做假设，并使用Stata软件对模型进行回归，回归结果见表3。

表3 中国对中南半岛经济走廊沿线国家直接投资面板数据回归结果

Source	SS	df	MS	
Model	40.3945281	5	8.07890562	Number of obs = 35
Residual	16.8470985	29	0.580934431	F (5, 29) = 13.91
				Prob > F = 0.0000
Total	57.2416266	34	1.68357725	R-squared = 0.7057

续表

Source	SS	df	MS		Number of obs = 35	
					Adj R-squared = 0.6549	
					Root MSE = 0.76219	
ln$OFDI$	Coef.	Std. Err.	t	p > |t|	[95% Conf. Interval]	
ln$patent_{it}$	1.16473	0.2295326	5.07	0.000	0.6952831	1.634177
ln$patent_{jt}$	-0.7283281	0.885685	-0.82	0.418	-2.539757	1.083101
lngdp_{jt}	-0.1241157	1.00669	-0.12	0.903	-2.183029	1.934797
ln$pgdp_{jt}$	0.7922357	0.178122	4.45	0.000	0.4279353	1.156536
ln$ggdp_{jt}$	0.0289305	0.2066287	0.14	0.890	-0.3936726	0.4515335
_cons	-6.107629	2.891394	-2.11	0.043	-12.02119	-0.1940643

资料来源：结果由 Stata12.0 给出。

从表3模型的回归结果来看，检验整个引力方程显著性的F统计量之 p 值（Prob > F）为0.0000，说明整个回归方程是高度显著的。从单个解释变量来看，ln$patent_{it}$ 的系数为正，说明母国专利申请量对母国对外直接投资具有显著的促进作用，且母国专利申请量每增加1%，母国对东道国的对外直接投资增加1.16%，从而进一步说明中国技术水平对中国对中南半岛经济走廊直接投资具有正向促进效应。母国技术水平越高，越有利于其实施对外投资决策行为，假设1被验证成立。ln$patent_{jt}$ 系数为负，表明东道国专利申请量对母国对外直接投资具有反向促进作用，即中南半岛经济走廊沿线国家技术水平越低，越能促进中国对中南半岛经济走廊沿线国家的对外直接投资。东道国技术水平的验证结果与假设2相反，一方面可能是因为中南半岛经济走廊沿线国家除新加坡均为发展中国家，且发达程度远低于中国。技术水平低的国家希望通过引进中国的资金，学习中国的先进技术，以带动本国经济发展，可能采取某种举措以引入中国资金。发达程度越低的国家，越想获得该种好处，会实施越有力的举措，进而产生技术发展水平低的国家反而更能够吸引中国投资的结果。lngdp_{jt} 的系数为负，ln$pgdp_{jt}$ 和 ln$ggdp_{jt}$ 的系数为正，说明中南半岛经济走廊沿线国家的市场规模对中国对中南半岛经济走廊沿线国家的对外直接投资产生反向促进作用，而中南半岛经济走廊沿线国家的市场机会和市场吸引力对中国对中南半岛经济走廊沿线国家的对外直接投资具有正向促进作用，且市场机会的 p

值为 0.000，说明市场机会具有显著的促进作用。

四 结论与启示

在"一带一路"倡议提出的六个经济走廊中，中国—中南半岛经济走廊承担了国际投资和国际贸易的重要职能。互联互通是建设"一带一路"的重中之重，在中国—中南半岛经济走廊建设过程中，政策沟通、设施联通、贸易畅通、资金融通、民心相通都有不同程度的进步与发展，为走廊沿线国家进行经贸合作提供了良好的基础条件，能够有效缩短国家之间的经济距离，改善物流状况，降低经贸合作成本，有效增加走廊沿线国家间的国际投资规模。中国作为东南亚生产网络的核心国家，在推动东南亚经济发展过程中发挥着重要作用。中南半岛经济走廊与中国的合作条件在六个经济走廊中最为成熟稳定。在国际经济环境动荡的大环境下，对中国—中南半岛经济走廊的研究对寻找促进中国国际经贸合作的新路径具有重要意义。

对中南半岛经济走廊沿线国家的直接投资在中国对外直接投资中的比重不断上升，其中对新加坡的直接投资明显高于其他六国。通过对投资引力模型的数据进行回归分析，可以得到：中国技术水平和中南半岛经济走廊沿线国家的市场机会对中国对中南半岛经济走廊沿线国家的直接投资具有显著的促进作用；中国专利申请量的增加提升了中国对外直接投资的竞争力，能够正向促进中国对中南半岛经济走廊的直接投资；中南半岛经济走廊沿线国家的市场机会为中国直接投资提供了高效率的发展机会，显著促进了中国对中南半岛经济走廊的直接投资。传统的对外直接投资理论认为，对外直接投资的目的是为本国提供可持续的资源。中国虽然属于自然资源丰裕的大国，但由于人口基数大，人均拥有的资源较少。随着"走出去"和"引进来"政策的实施，中国经济飞速发展，国民收入水平也随之提升，对资源的需求也随之提升，对外直接投资也随之增长。中南半岛经济走廊沿线国家与中国资源互补，进一步促进了中国对外直接投资的增长。中国经济实力的提升对促进中国加大对中南半岛经济走廊沿线国家的直接投资，带动其共同发展，有着重要作用。新加坡是中南半岛经济走廊沿线国家中唯一一个发达国家，是中南半岛经济走廊沿线国家中吸引中国投资最多的国家,而数据分析显示其技术水平对吸引中国投资呈现反向促进作用,是什么因素使中国对新加坡投资高于对其他发展中国家将是接下来的研究方向。

(责任编辑:孙灵燕)

"一带一路"倡议实施以来山东对外贸易发展动态与前景展望

李晓鹏*

摘　要　自"一带一路"倡议提出以来，山东对共建"一带一路"国家的贸易规模总体上迅速扩大，区位结构和产品结构不断优化，对俄罗斯贸易增长、跨境电商的发展、高附加值机电产品出口以及民营企业主力军作用的发挥正在成为新亮点。但是，山东与共建"一带一路"国家贸易合作也面临政治经济文化诸多方面差异较大、安全风险增加、贸易保护主义抬头等挑战。着眼未来，山东与共建"一带一路"国家贸易仍然具有良好的合作前景。贸易争端解决机制将逐步完善，贸易合作方式将趋于多样化，服务贸易合作将向全面化、高层次方向发展，投资和跨境电商将发挥更加显著的推动作用。

关键词　"一带一路"倡议　山东对外贸易　国际贸易合作

为积极应对世界形势深刻变化，统筹国内与国际两个大局，习近平主席提出共建"一带一路"倡议。"一带一路"是"丝绸之路经济带"和"21世纪海上丝绸之路"的合称，贯穿亚欧非三个大陆，既包含冉冉升起的东亚经济区，也包括富强发达的欧洲经济圈，还涵盖经济发展后劲十足的广大腹地国家。一些国家积极响应倡议，中国国内各地也掀

---

* 李晓鹏（1976～），山东社会科学院国际经济研究所助理研究员，主要研究领域为国际贸易、国际投资。

起了与共建"一带一路"国家进行贸易投资合作的浪潮；山东省委、省政府积极推进，采取多种措施，主动融入国家开放大局，聚焦"五通"（政策沟通、设施联通、贸易畅通、资金融通、民心相通），创建"五路"（和平之路、繁荣之路、开放之路、创新之路、文明之路），深度融入"一带一路"，取得了良好进展和明显成效。山东与共建"一带一路"国家的贸易合作名列前茅，2013~2019年对共建"一带一路"国家进出口额累计达3.2万亿元。2018年，山东参与"一带一路"指数位居全国第二，政策支持力度明显加大，参与度指数上升也最快。深度分析"一带一路"倡议实施以来山东与共建"一带一路"国家贸易合作动态，准确把握未来发展趋势，对山东与共建"一带一路"国家的贸易发展具有积极意义。

一 山东与共建"一带一路"国家贸易合作动态

山东与共建"一带一路"国家贸易合作具有比较悠久的历史。"一带一路"倡议提出以来，得益于国家积极的政策、共建国家较有成效的合作，以及山东省委、省政府的重视，山东与共建"一带一路"国家的贸易合作得到一定发展。山东与"一带一路"沿线贸易伙伴的进出口贸易不但在总量上增加明显，而且在贸易规模、进出口国别、企业类型、商品类别等方面呈现显著、积极的变化。

（一）贸易规模不断扩大，保持稳定的贸易顺差

自"一带一路"倡议提出以来，山东与共建"一带一路"国家贸易发展较快，除2015年略有下跌外，其他年份进出口额保持正增长。山东与共建"一带一路"国家的进出口贸易额从2013年的4044.5亿元增长到2019年的6030.9亿元，年均增长6.9%；占当年山东外贸进出口总值的比重从24.5%增长到29.5%，提升了5个百分点。其中，出口额从2070.8亿元增长到3286.2亿元，年均增长8.0%；进口额从1973.7亿元增长到2744.7亿元，年均增长5.6%（见表1）。2015年，受中国经济转为中高速发展、全球经济迟缓、贸易整体低迷等因素影响，山东与共建"一带一路"国家贸易进出口额有所下降，较2014年降低了7.5%，进口额甚至较大幅度地降落了15.4%。不过，随着供给

侧改革的扎实推进、经济体制改革的稳步进行，山东与共建"一带一路"国家的贸易合作数额较快止跌回升，规模继续扩大。2017年、2019年的进出口额较上年同期分别实现16.5%、16.0%的增长，特别是2017年山东进口额较上年同期增长3成多（31.6%）。从进出口额增速来看，2019年山东与共建"一带一路"国家进出口额增速高出全省进出口额增速10.1个百分点。山东对共建"一带一路"国家一直保持着稳定的贸易顺差，2016年贸易顺差规模甚至达到875.6亿元，是2013年的9倍多。即使在进出口总额同比下跌的2015年，山东与共建"一带一路"国家贸易顺差仍高达699.0亿元，是2013年的7.2倍。

表1 山东与共建"一带一路"国家贸易额

单位：亿元，%

年份	进出口额			出口额			进口额			顺（逆）差
	金额	同比	占当年山东外贸进出口总额的比重	金额	同比	占当年山东外贸出口总额的比重	金额	同比	占当年山东外贸进口总额的比重	
2013	4044.5	5.2	24.5	2070.8	6.4	24.8	1973.7	3.8	24.0	97.1
2014	4144.7	2.5	24.4	2292.9	10.7	25.8	1851.8	-6.2	22.8	441.1
2015	3833.0	-7.5	25.5	2266.0	-1.2	25.2	1567.0	-15.4	25.7	699.0
2016	4133.6	7.8	26.7	2504.6	10.5	27.7	1629.0	4.0	25.4	875.6
2017	4816.3	16.5	27.0	2672.5	6.7	26.8	2143.8	31.6	27.3	528.7
2018	5197.6	7.9	26.9	2824.0	5.7	26.7	2373.6	10.7	27.2	450.4
2019	6030.9	16.0	29.5	3286.2	16.4	29.5	2744.7	15.6	29.5	541.5

资料来源：山东省商务厅公共数据平台，http://commerce.shandong.gov.cn/col/col16317/index.html。其中2013~2015年的进出口额、出口额、进口额数据，山东省商务厅以万美元为单位统计，后根据山东省统计局2017年公布的2013年、2014年、2015年货币汇率（年平均价）1美元折合人民币6.20元、6.14元、6.23元换算而来，数值按照折算后的数字计算。

（二）东盟、俄罗斯、印度是山东重要进出口市场，与俄罗斯贸易增长迅速

"一带一路"已成为山东外贸市场越来越重要的组成部分。东盟、俄罗斯、印度是山东在共建"一带一路"国家中的重要贸易合作伙伴，

三者与山东贸易额所占比重之和基本保持在山东与共建"一带一路"国家贸易总额的2/3左右。东盟是山东的最大贸易伙伴，在2013~2019年山东对共建"一带一路"国家进出口额前三位国家中，东盟成员国一直占据2席。虽然东盟与山东进出口额整体不断增长（见图1），占山东与共建"一带一路"国家贸易额的比重远远高于印度、俄罗斯，但是比重呈下滑趋势，从2015年的最高值49.7%渐渐降至2019年的40.0%。2018年，山东对东盟的越南、印度尼西亚和泰国分别出口265.9亿元、244.7亿元和196.6亿元，同比分别增长14.5%、43.1%和18.6%，出口增速远高于同期山东对共建"一带一路"国家整体出口5.7%的增速①。山东与俄罗斯贸易增长较迅猛，2016~2019年双方贸易额稳居山东与共建"一带一路"国家贸易额的第一位，比重从2015年的8.2%一举跃至2019年的17.0%，增加了1倍之多。2019年，山东对俄罗斯进出口额为1025.6亿元，是2013年对俄进出口额482.7亿元的2倍多。相对来说，山东与印度的贸易往来保持比较平稳的态势。2013~2019年，山东与印度的进出口贸易额占山东与共建"一带一路"国家贸易总额的比重基本维持在6.4%~8.6%（见图2）。

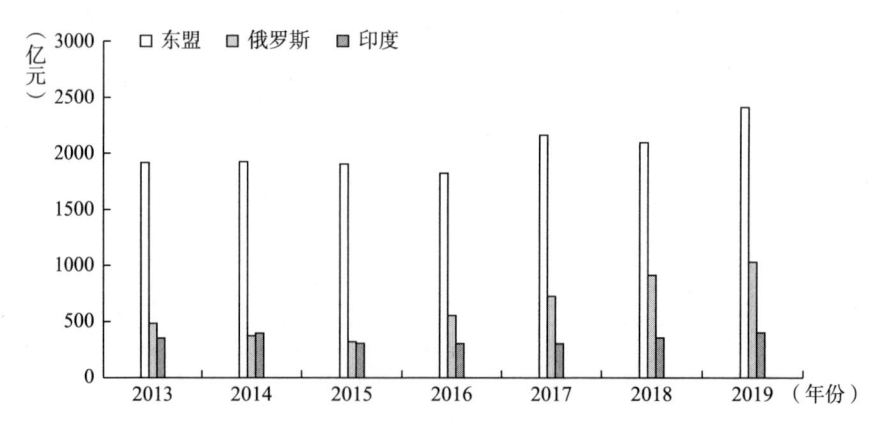

图1 山东与东盟、俄罗斯、印度进出口情况统计

资料来源：山东省商务厅公共数据平台，http://commerce.shandong.gov.cn/col/col16317/index.html。

---

① 张丽媛：《山东对"一带一路"沿线国家进出口突破5000亿元》，大众网，http://www.dzwww.com/sdqy/lqkx/201901/t20190129_18345174.htm，最后访问日期：2020年7月15日。

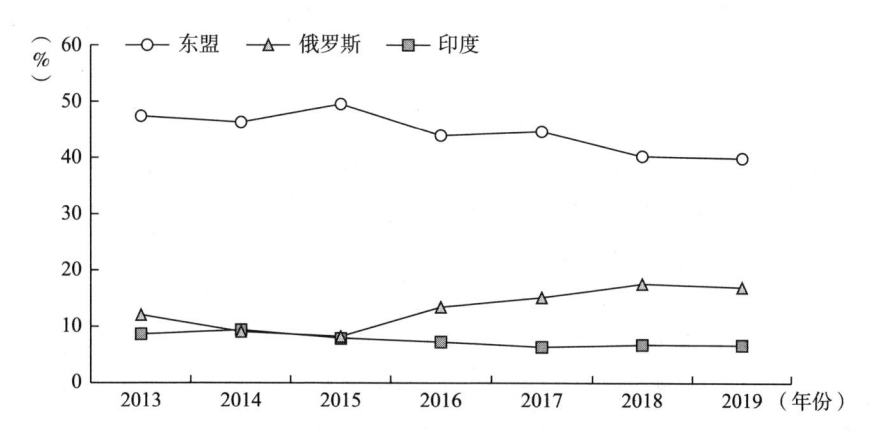

图 2 东盟、俄罗斯、印度与山东进出口额占当年山东与共建"一带一路"国家贸易进出口额比重

注：比重按照当年数据情况进行核算。
资料来源：山东省商务厅公共数据平台，http://commerce.shandong.gov.cn/col/col16317/index.html。

（三）民营企业发挥着主力军作用

在与共建"一带一路"国家的合作中，山东民营企业发挥着越来越重要的作用，对山东与共建"一带一路"国家贸易的贡献越来越大。山东民营企业对共建"一带一路"国家进出口额2013年为2390.8亿元，2017年增加到3367.8亿元，比2013年增长40.9%，占同期山东对共建"一带一路"国家进出口总额的69.9%。2018年，山东民营企业对共建"一带一路"国家进出口额3713亿元，同比增长10.3%，占同期山东对共建"一带一路"国家进出口总额的71.4%。2020年第一季度，山东民营企业对共建"一带一路"国家进出口额1088.3亿元，同比增长17.7%，占同期山东对共建"一带一路"国家进出口总额的74.8%。

（四）以一般贸易方式为主，跨境电子商务发展较快

一般贸易方式在山东与共建"一带一路"国家的合作中发挥着越来越重要的作用。2017年，山东以一般贸易方式对共建"一带一路"国家进出口3255.5亿元，占同期山东对共建"一带一路"国家进出口总额的67.6%。2020年第一季度，山东以一般贸易方式对共建"一带一路"国家进出口1009.2亿元，同比增长6.3%，占同期山东对共建

"一带一路"国家进出口额的69.4%。作为外贸新模式代表的跨境电子商务也逐渐成为促进山东外贸发展的新生力量。2014~2017年，山东跨境电子商务进出口额19.8亿元，3年间年均增长率达456%；市场采购出口值从2016年的3842万元增长至2017年的62.8亿元[①]，增长162.5倍。2018年，全球电子商务交易额中，中国占了约3成，山东与共建"一带一路"国家的跨境电商产业也随之快速发展。2018年、2019年，山东省跨境电商进出口贸易额分别为27.5亿元、29.6亿元，同比分别增长39.2%、7.6%。在当前传统贸易增长迟缓的形势下，山东跨境电商出口增长较快，成为稳外贸的助推器。

（五）农产品、天然橡胶、机电产品、原油为主要进口产品，机电产品、农产品和钢材为主要出口产品

2013年，山东对共建"一带一路"国家的进口商品主要为农产品、天然橡胶、机电产品。2017年，山东从共建"一带一路"国家进口的机电产品、集成电路增速较快，进口机电产品319.4亿元，较2013年增长1.2倍；进口集成电路116.5亿元，较2013年增长95.7%；受益于原油进口"双权"放开，同年山东进口原油增长迅猛，达到786.3亿元，占同期山东自共建"一带一路"国家进口总值的36.7%，较2013年57亿元增长了12.8倍[②]。2018年，山东从共建"一带一路"国家进口的商品主要为原油、机电产品、农产品，进口值分别为1022.2亿元、298.3亿元和175.5亿元，其中原油和农产品分别增长30.0%和26.7%[③]。

山东对共建"一带一路"国家出口的商品主要是机电产品、农产品和钢材。2017年，山东对共建"一带一路"国家出口机电产品991.6亿元，占同期山东对共建"一带一路"国家出口总值的37.1%；出口农产品308.3亿元；出口机械设备469.9亿元，较2013年增长69.7%；

---

① 《山东对"一带一路"沿线国家进出口值达2.5万亿元》，中新网，http://www.sd.chinanews.com.cn/2/2018/1113/62651.html，最后访问日期：2020年4月21日。
② 代玲玲：《山东谱"一带一路"合作共赢新篇》，《大众日报》2018年10月16日，第3版。
③ 仲筱莉：《山东对"一带一路"国家进出口年均增长5.2%》，青岛海关网，http://www.customs.gov.cn/qingdao_customs/406496/406497/2399518/index.html，最后访问日期：2020年7月15日。

出口钢材241.9亿元，较2013年增长63.4%①。2020年第一季度，山东对共建"一带一路"国家出口机电产品317.1亿元，增长11.9%，占比41.3%；出口农产品86.7亿元，增长24.3%，占比11.3%；出口钢材70.3亿元，下降4.4%，占比9.2%，三者占比合计为61.8%②。

二 山东与共建"一带一路"国家合作面临的挑战

2020年1月18日，山东省省长龚正在山东第十三届人民代表大会第三次会议上做《政府工作报告》时指出，山东在推动形成东西双向互济、陆海内外联动的开放新布局上应做出自己的贡献。这意味着山东将继续推进"一带一路"建设并助其向纵深发展。尽管过去几年山东与共建"一带一路"国家合作取得较好成绩，但是我们必须清醒地认识到"一带一路"倡议仍处于初始阶段，虽然开局较好并进展顺利，但是仍然面临许多困难和挑战，需要积极应对并予以解决。

（一）政治、经济、文化等差异影响贸易合作

贸易合作不单取决于经济水平，也受到政治、文化、宗教信仰、种族等因素的影响。共建"一带一路"国家的政治制度不同，经济贸易发展水平不一。共建"一带一路"国家覆盖地域广阔、人口众多、文化各异、民族复杂，各国经济发展程度不同，既有新加坡、希腊这样的发达国家，也有缅甸、尼泊尔等工业化初期国家，更有以印度、哈萨克斯坦为代表的新兴发展中国家，甚至还有俄罗斯、乌克兰等转轨国家③。经济水平的差异会使共建"一带一路"国家的发展步调不同、对贸易商品的种类需求不同。另外，由于历史和现实的原因，共建"一带一路"国家东西方诸多文明交汇，有着独特的宗教文化，基督教、伊斯兰教、佛教的影响随处可见，不同民族与种族的矛盾与冲突不断且

---

① 代玲玲：《"一带一路"5周年！海关亮成绩单 贸易额逾2万亿》，大众网，http://sd.dzwww.com/sdnews/201808/t20180821_17749561.htm，最后访问日期：2020年7月15日。
② 米雪伟：《山东一季度对"一带一路"沿线国家贸易保持逆势增长》，齐鲁网，http://news.iqilu.com/shandong/yuanchuang/2020/0421/4525406.shtml，最后访问日期：2020年4月21日。
③ 顾春太：《我国对"一带一路"沿线国家贸易合作的省际空间差异及其影响因素》，《东岳论丛》2019年第6期。

形式多样、内容复杂,某一单独事件的爆发就会产生连锁反应影响贸易往来与合作。

(二)安全风险加大

共建"一带一路"国家的地区冲突、种族歧视、政权更迭等不稳定因素较多,市场风险处于较高水平。历史上,共建"一带一路"国家地理位置紧要,战略价值较高,大国非常关注东南亚、南亚、中亚、西亚乃至中东欧这些重要区域,俄罗斯主导的"欧亚联盟"、欧盟推动的"东部伙伴计划"、美国提出的"新丝绸之路"与"印太走廊"等都汇聚于此。伊朗、叙利亚、乌克兰等大国也进行着各种较量,地缘政治关系紧张,区域和国家风险增加。此外,共建"一带一路"国家多处于现代化建设阶段,自身发展面临较多问题,比如政体改革、经济转轨、社会转型等,政治经济的稳定性差、不成熟,容易引发国家风险。中国出口信用保险公司的国家风险评价模型分别从政治、经济、商业环境和法律风险四个角度分析和评估一国的国家风险,指出绝对风险水平处于相对高位的共建"一带一路"国家占比为84%[1]。其中,与山东密切往来的菲律宾、印度尼西亚、泰国等国家深受恐怖主义和国内分裂势力的困扰;印度的财政赤字、经常账户赤字均已超过国际警戒线,短期内很难从根本上走出经济增长困境;俄罗斯面临的地缘政治风险最大;阿富汗的恐怖主义和地方军阀力量强大,有着突出的民族和宗教矛盾,地缘政治问题频出。

(三)贸易保护主义抬头

在世界民族主义崛起、全球化继续衰退、地缘政治盛行等国际大环境影响下,国际贸易保护主义重新抬头。当今世界,发达国家主导着国际贸易秩序与规则,而共建"一带一路"国家大多数是发展中国家与欠发达国家。为保护自身市场,发达国家交替使用各种关税壁垒与非关税壁垒措施,使得共建"一带一路"国家面临的国际市场环境更加恶劣,使其对外部世界的判断、举措均具有日益强烈的不确定性。由于贸

---

[1] 《"一带一路"65个国家风险状况分析》,搜狐网,https://www.sohu.com/a/293079467_480400,最后访问日期:2020年7月15日。

易保护主义引起共建"一带一路"国家对外政策的不确定性，也对其外贸发展的连续性造成实质性的影响，山东与共建"一带一路"国家贸易伙伴的经贸合作面临不稳定性。共建"一带一路"国家中也有发达经济体，部分大国也沿用发达国家思路，在符合自身利益的范围内或者条件下，不恰当使用贸易保护措施，追求本国利益最大化，造成了贸易保护主义从发达国家向发展中国家蔓延的态势。2017年8月，印度宣布对进口化工、石化等93种产品集中征收反倾销税，涉及范围广、处罚力度大、裁决武断，使山东企业受到较大影响。2018年1~7月，山东遭受共建"一带一路"国家在内的国外贸易救济调查48起，涉案金额达20.6亿美元，涉案企业3712家，分别同比增长84.6%、3.2倍和3.6倍[1]。贸易摩擦为山东与共建"一带一路"国家的贸易合作发展蒙上了一层阴影。虽然2019年山东成立了应对国际贸易摩擦的律师团，但是应对贸易保护之路仍然任重而道远。

三 山东与共建"一带一路"国家合作的前景展望

"一带一路"倡议是中国对外开放积极顺应并主动拥抱新时代、踊跃适应新形势新变化的成果。随着积极融入国家发展布局后的深远变化，山东将形成东西兼济、陆海统筹的格局，山东与共建"一带一路"国家贸易合作共商共建共享、互联互通互助式的共同发展呈现向好态势。

（一）贸易规模持续增长

自2013年"一带一路"倡议提出以来，山东与共建"一带一路"国家贸易合作取得的成就由点及面，由少到多。截至2019年底，中国与遍及亚洲、非洲、大洋洲、拉丁美洲的国家和地区签署了共建"一带一路"合作文件，已累计同147个国家、36个国际组织签署了213份政府间合作文件[2]，达成了卓有成效的国际合作共识。联合国大会、联合国安理会、亚太经合组织、亚欧会议、大湄公河次区域合作等多份

---

[1] 《山东国际贸易摩擦持续高发》，商务部驻青岛特派员办事处网站，http://qdtb.mofcom.gov.cn/article/shangwxw/duiwmy/201809/20180902784077.shtml，最后访问日期：2020年7月15日。

[2] 数据根据"中国一带一路网"（https://www.yidaiyilu.gov.cn/）的资料汇总整理。

决议或文件涉及了与"一带一路"建设有关的内容。这些为山东与共建"一带一路"国家的贸易合作提供了良好的外部条件。从国内看,山东地处中国东部地区的交通枢纽位置,是新亚欧大陆桥的重要沿线区域,也是海上丝绸之路的紧要通道,在"一带一路"建设中有着得天独厚的条件,发挥着无可替代的作用。当前,山东只与其中的俄罗斯、印度尼西亚、泰国、新加坡、马来西亚、印度、阿联酋等国家贸易往来比较密切,因此拓展并加深与其他共建"一带一路"国家的贸易合作意义重大。山东省政府在2020年1月《山东省政府工作报告》中指出,区域全面经济伙伴关系协定(RCEP)即将签订,要抓住这个重大历史机遇,深化与共建"一带一路"国家的经济贸易合作,深入开拓20个重点潜力市场,提升山东与发展中国家、新兴市场和自贸伙伴的贸易比重。随着参加"一带一路"倡议的国家不断增加,山东与沿线贸易伙伴国的交往会不断深入,将与越来越多的共建"一带一路"国家和地区进行贸易合作并深入发展,贸易规模也将持续增长。

(二)合作方式多样化

"一带一路"倡议符合世界贸易组织规则,契合联合国经济改革理念,顺应国际经济社会的发展方向,维护参与国的利益,有利于国家与国家之间、国家与地区之间更加开放,有益于山东与共建"一带一路"国家合作共赢。当前山东与共建"一带一路"国家的贸易合作集中在机电产品、农产品、钢材和轮胎方面,在这些方面的贸易额约占山东对共建"一带一路"国家贸易总额的7成。未来,山东省委、省政府将继续发挥政府间、商贸联委会等交流合作机制,在与共建"一带一路"国家贸易中的引领和推动作用;尊重彼此之间在历史文化传统、社会制度、发展道路与阶段上的差异,积极进行对话协商合作;积极合作应对各种安全风险和挑战,拓展交往内容,为彼此提供更多贸易空间与机会;积极扩大与共建"一带一路"国家的合作领域,比如医养健康、现代农业、先进装备制造、新能源、基础设施、电子信息、文旅产业等。随着合作的不断扩展,山东与共建"一带一路"国家在"一带一路"建设中将实现互利共赢,推动经济社会发展,增加人民生活福祉。

(三)投资带动贸易发展

以投资带动与共建"一带一路"国家的贸易合作发展,是山东融入"一带一路"建设的新趋势。投资可促进货物流动，有利于山东与共建"一带一路"国家扩大贸易往来。作为一种新型的国际贸易合作形式，项目库建设对于山东强化并扩大与共建"一带一路"国家的贸易合作具有重要意义。山东应当抢抓有利时机，加快推动面向共建"一带一路"国家的项目库建设，将项目库建设与对外贸易发展结合起来，与新旧动能转换结合起来。在与共建"一带一路"国家沟通协商的基础上，山东可把共建"一带一路"国家拟投资的项目纳入项目库并共享，增加投资透明度与项目操作便利度。这不但可以推动山东的国有企业参与"一带一路"项目建设，更能促进民营企业积极高效地选择境外投资项目，降低投资风险，提升投资者信心，提高投资成功率。

（四）服务贸易发展空间大

当前，山东与共建"一带一路"国家的贸易往来多集中在货物领域，先进科技、电子信息、教育、旅游等服务贸易领域的合作较少。加强服务贸易合作将增强山东现代服务贸易国际竞争力，增加国际化专业人才，扩展民间交流。山东将深化与共建"一带一路"国家服务贸易领域的合作，使其向全面化、高层次、可持续的目标发展。通过基础设施运营维护服务升级、服务贸易便利化升级、新型服务贸易创新升级、筹划并实施好一批重大服务贸易示范项目、强化服务贸易多双边合作机制建设、建立与共建"一带一路"国家服务贸易大数据平台等方式，山东将进一步拓展服务贸易的发展空间。

（五）跨境电子商务壮大

电子商务对山东与共建"一带一路"国家的贸易发展起着愈来愈重要的作用。共建"一带一路"国家大部分是经济基础较为薄弱的发展中国家，而跨境电商有门槛比较低、对经济带动作用大、易操作、见效快等特点，可以提升效率，带动整体的贸易链、产业链发展，推动共建"一带一路"国家经济贸易合作，促进山东与共建"一带一路"国家较快实现优势互补，让更多的特色物产进入山东，使山东企业更快地开拓市场。据预测，跨境电商将成为中国主要的外贸交易模式之一，年均增速将超过20%，2020年中国跨境电商交易规模有望达到12万亿元，占外贸交易总额比重将达到37.6%[①]。至2019年底，中国已经与22个国家和地区签署了电子商务合作备忘录，建立了双边电子商务合作机制，与共建"一带一路"国家的跨境电商交易额同比增速超过20%，与柬埔寨、科威特、阿联酋等国家的交易额同比增速超过100%[②]。山东将积极抓住中国与共建"一带一路"国家电子商务领域的政策沟通协商不断加深、跨境电商协作机制正逐渐建立的有利时机，支持金融机构创新金融产品，鼓励其为跨境电商企业提供信用融资支撑与信用保险服务，支持山东企业建设共建"一带一路"国家的海外仓，推动中欧班列成为山东跨境电商贸易新通道。

（六）贸易争端解决机制逐步完善

当前，随着"一带一路"建设扎实推进，山东与共建"一带一路"国家的经贸合作越来越多，基础建设规模不断扩大，贸易领域的纠纷和争端也将不断增多，因此建立一个公平、公正、高效、合理的争议预警体系与争端解决机制尤为重要。国家层面颁布实施的《最高人民法院关于人民法院为"一带一路"建设提供司法服务和保障的若干意见》《关于建立"一带一路"争端解决机制和机构的意见》对于山东解决贸易争端有着良好的指导作用。山东省贸促会、山东省商协会与山东应对国际贸易摩擦律师团将加强调查研究，强化沟通联系，共建合作平台，完善服务保障，完善贸易救济措施，积极服务于共建"一带一路"国家和平、稳定、有序的制度环境，推动山东与共建"一带一路"国家互利共赢，共同合作发展，促进"一带一路"建设再上新台阶。

（责任编辑：顾春太）

[①] 王雅静：《2020年中国跨境电商交易规模有望达12万亿元》，《中国企业报》2016年12月20日，第14版。

[②] 袁勇：《为"丝路电商"插上腾飞翅膀》，《经济日报》2019年12月25日，第11版。

·产业经济·

中国发展海洋文化旅游业的国际经验借鉴*

孙吉亭**

摘 要	本文论述了中国海洋文化旅游业发展面临的机遇，一是旅游业成为国民经济战略性支柱产业，二是中国全面建成小康社会为海洋文化旅游业进一步发展提供了坚实基础，三是新发展理念为海洋文化旅游业进一步发展指明了方向，四是国家出台了一系列发展规划、法律法规和政策，五是世界旅游业的发展趋势有利于中国海洋文化旅游业的发展；分析了现存的制约因素，主要是一些地区缺少整体规划、开发模式单一等；继而介绍了澳大利亚文化旅游业的发展情况与特点，主要有举办一系列的旅游展会、举办体育运动赛事、制订消费者需求计划等；最后提出了中国海洋文化旅游业发展对策。
关键词	海洋旅游 文化旅游 幸福产业 澳大利亚旅游交流会 无烟工业

---

* 本文是青岛海洋科学与技术试点国家实验室2017年蓝色智库项目"基于全球分布式布局的海洋国家实验室创新文化建设研究"（项目编号：BTT – B201710）、山东省社会科学规划研究项目"山东发展高质量海洋经济加快建设海洋强省战略研究"（项目编号：19CHYJ14）阶段性成果。
** 孙吉亭（1963～），山东社会科学院山东省海洋经济文化研究院研究员，博士，澳大利亚卧龙岗大学（University of Wollongong）博士后，主要研究领域为海洋经济、海洋文化。

海洋是生命的摇篮，也是人类赖以生存的资源宝库、蓝色粮仓和活动空间。特别是伴随着地球上人口急剧增加、陆地资源逐渐减少，以及生态环境日益恶化，海洋的作用更加显现出来。早在远古时代，中国沿海劳动人民就通过不断地观察和认识海洋，积累了大量的海洋知识，开始了向大海进军、开发利用海洋的壮举，在与大海搏斗的实践中，学会了从海洋汲取"渔盐之利"和"舟楫之便"。例如，夙沙氏通过煮海为盐，开了中国盐业发展的先河，丰富了齐鲁文化的海洋内涵。1949年以后，中国的海洋事业得到长足发展。改革开放40多年来，中国海洋工作发生翻天覆地的变化，海洋经济迅速发展。党的十九大报告更是明确要求"坚持陆海统筹，加快建设海洋强国"，为建设海洋强国吹响了前进的号角。因此，经略海洋刻不容缓。

海洋旅游业是以旅游资源（包括海洋人文资源和海洋自然资源）为生产对象，根据人民群众对旅游休闲的需求，投入资金、人力和科技，整合旅游资源，提供高效旅游产品的产业。海洋文化旅游业则是在海洋旅游业中大力加入文化元素，使之更具有独特的魅力和特色。

中国拥有漫长的海岸线、众多的岛屿，各类资源丰富，景色宜人，海域广袤，十分适宜开展海洋旅游活动；而且，中国海洋开发历史悠久，在与海洋朝夕相处的实践中，也涌现出灿烂的海洋文化，是我们开展海洋文化旅游不可多得的宝贵资源。"十二五"以来，旅游业全面纳入国家战略体系，成为国民经济战略性支柱产业，海洋旅游产业发展更为迅猛。

一　中国海洋文化旅游业发展的机遇

（一）旅游业成为国民经济战略性支柱产业

中国连续多年保持世界第一大出境旅游客源国和全球第四大入境旅游接待国地位。截至2017年，中国住宿和餐饮法人企业4.5万家左右，其中住宿业1.9万家（其中星级饭店1.16万家，包括五星级824家、四星级2425家），旅行社2.79万个，景区景点3万多个（其中A级景区10340个，包括5A级249个、4A级3034个），世界遗产52项，全域旅游示范区创建单位 506 个,红色旅游经典景区 300 个。① 休闲度假方面,2017 年国家级旅游度假区 26 个,旅游休闲示范城市 10 个,国家生态旅游示范区 110 个。专题旅游方面,2017 年中国邮轮旅游发展实验区 6 个,国家湿地旅游示范基地 10 个,在建自驾车房车营地 514 个,还有一大批健康旅游、工业旅游、体育旅游、科技旅游、研学旅游等"旅游+"融合发展新产品。②

表 1 2015 年、2017 年中国旅游发展情况

指标	2015 年	2017 年
旅游业总收入(万亿元)	4.13	5.40
国内旅游人数(亿人次)	40	50.01
国内旅游收入(万亿元)	3.42	4.57
入境旅游人数(亿人次)	1.34	1.3948
入境过夜旅游人数(万人次)	5689	—
外国人入境旅游人数(万人次)	2599	—
旅游外汇收入(亿美元)	1136.5	1234
出境旅游人数(万人次)	11700	13051
直接就业(万人)	2798	—

资料来源:《国务院关于印发"十三五"旅游业发展规划的通知》,中华人民共和国中央人民政府网,http://www.gov.cn/zhengce/content/2016-12/26/content_5152993.htm,最后访问日期:2019 年 1 月 9 日;《2018 年中国旅游行业发展现状及发展趋势分析》,中国产业信息网,http://www.chyxx.com/industry/201804/634265.html,最后访问日期:2019 年 1 月 30 日。

2017 年,中国滨海旅游发展规模持续扩大,海洋旅游新业态潜能进一步释放,滨海旅游业全年实现增加值 14636 亿元,比上年增长 16.5%。海洋旅游潜在市场超万亿元,发展空间广阔。从增速看,中国海洋旅游产业的增长率与国内旅游收入增长率保持一致;但从绝对量看,中国海洋旅游收入仅占到整个旅游业产值的 30% 左右且该比例较固定,对标发达国家海洋旅游收入占比普遍达到 2/3,中国海洋旅游在

---

① 国家发展和改革委员会:《2017 年中国居民消费发展报告》,人民出版社,2018。
② 《以习近平新时代中国特色社会主义思想为指导 奋力迈向我国优质旅游发展新时代——2018 年全国旅游工作报告》,搜狐网,https://www.sohu.com/a/215451714_785796,最后访问日期:2019 年 1 月 11 日。

体量上还有差距。① 2017年，中国海洋主题公园旅游人次达到6250万人次，收入规模为74.07亿元，其行业发展特点呈现稳定增长态势。②

（二）全面建成小康社会为海洋文化旅游业进一步发展提供了坚实基础

世界旅游业发展的规律表明，在不同的阶段人们对旅游的需求是不一样的，消费的特征也有所不同。在人均GDP达到1000～2000美元时，旅游处在一个比较低级的阶段，其表现特征是人均消费很低，以景区观光旅游为主，在景点的停留时间很短。当人均GDP达到2000～3000美元时，游客对旅游的要求已经从观光旅游向休闲旅游转变，具体表现为人均消费比较高，旅游停留的时间一般为1～2周，旅游的形式主要为商务会议游、温泉旅游，等等。当人均消费达到3000美元以上时，人们外出旅游已经由休闲旅游为主变为度假旅游为主，人均消费水平比较高，一般旅游活动维持在一个月左右。③

从旅游消费发展阶段来看，2008年，中国人均GDP达到3266.80美元，这意味着中国旅游业从2008年开始进入度假游发展阶段，具体表现为家庭度假市场快速发育、大型休闲度假景区不断涌现、自驾游正在兴起。④

因此，伴随着中国全面建成小康社会，城乡居民收入稳步增长，人民生活水平不断提高，人民身体健康状况也保持较好水平，以及带薪休假政策逐步实施，消费需求日益多样化。同时，由于互联网等信息产业的发展，电子机票、旅游景点、服务设施大数据可及时获取，以及航空、高速铁路、高速公路等基础设施条件不断完善，城乡居民对新时代的旅游业产品研发、模式创新提出了更高的要求。这一切都成为旅游业

---

① 《2017年中国海洋旅游行业发展前景分析》，中国产业信息网，http://www.chyxx.com/industry/201712/592711.html，最后访问日期：2019年1月11日。
② 《2017年中国海洋主题公园旅游人次达到6250万人次，收入规模为74.07亿元，其行业发展特点呈现稳定增长态势》，中国产业信息网，http://www.chyxx.com/industry/201810/685869.html，最后访问日期：2019年1月30日。
③ 《2018年中国旅游行业发展现状及发展趋势分析》，中国产业信息网，http://www.chyxx.com/industry/201804/634265.html，最后访问日期：2019年1月30日。
④ 《2018年中国旅游行业发展现状及发展趋势分析》，中国产业信息网，http://www.chyxx.com/industry/201804/634265.html，最后访问日期：2019年1月30日。

发展的重要机遇，中国旅游业将迎来新一轮的黄金发展。

（三）新发展理念为海洋文化旅游业进一步发展指明了方向

旅游业具有内生创新、协同带动、开放互动、环境友好、产业融合的特点，符合创新、协调、绿色、开放、共享的新发展理念。党的十九大报告指出，中国经济已由高速增长阶段转向高质量发展阶段。新发展理念是党的十八大以来以习近平同志为核心的党中央在总结国内外发展经验教训、分析国内外发展大势的基础上提出的，"是实现我国'十三五'既定发展目标，破解发展难题，厚植发展优势的理论指南，是'十三五'乃至更长时期我国发展思路、发展方向、发展着力点的集中体现"①。新发展理念将进一步激发旅游业发展的内在动力和活力，促进旅游业成为新常态下的主导产业。

目前，幸福产业已经开始建立，它也是精神文化产业，是人们追求和谐持续的幸福生活的依托。"幸福文化价值观是中国文化大发展大繁荣的主流价值观。在中华民族复兴的道路上，只有繁荣我们的文化，才能维护国家文化安全。建设社会主义文化强国，是中华民族追求自强的必然选择，是我国从经济大国走向经济强国的必然选择，是中华民族复兴的必然选择。"②旅游业作为惠民生的重要领域，已成为改善民生的重要组成部分，是幸福产业的重要内容。人民对幸福的不断追求，有利于带动旅游业通过市场资源配置和更加优惠的产业政策转型升级，以提高有效供给，促进开发高端产品，优化旅游供给结构，追求供需关系由低级到高级的发展。

（四）国家出台了一系列发展规划、法律法规和政策

为了进一步改善旅游发展环境，中国出台了一系列发展规划、法律法规和政策，比如颁布实施了《中华人民共和国旅游法》，修订了《旅行社条例》《导游人员管理条例》《中国公民出国旅游管理办法》等条例和管理办法，鼓励更多的城乡居民参与旅游业。国务院和有关管理部门编制印发

---

① 陈昕：《新发展理念的五大特征》，人民网，http://opinion.people.com.cn/n1/2017/1129/c1003-29673440.html，最后访问日期：2019年1月11日。

② 《幸福产业》，百度百科，https://baike.baidu.com/item/幸福产业/3119507?fr=aladdin，最后访问日期：2019年1月21日。

《"十三五"旅游业发展规划》《全国生态旅游发展规划（2016－2025年）》《2016－2020年全国红色旅游发展规划纲要》《国务院关于促进旅游业改革发展的若干意见》《国务院办公厅关于进一步促进旅游投资和消费的若干意见》《国务院办公厅关于加强旅游市场综合监管的通知》《国家发展改革委关于印发〈服务业创新发展大纲（2017—2025年）〉的通知》等一系列规划和政策文件。这些发展规划、法律法规和政策的实施，对于旅游业的高质量发展具有重要的推动作用。

（五）世界旅游业的发展趋势有利于中国海洋文化旅游业的发展

在当今世界，旅游已成为居民生活中必不可少的一部分，旅游消费热潮持续不断。世界旅游业继续稳定发展，增长速度将超过世界经济，全球旅游中心将加快向东迁移，亚太地区旅游业将继续保持增长势头，中国海洋文化旅游业也将面临更加有利的国际环境。

二 中国海洋文化旅游业存在的制约因素

尽管海洋文化旅游业具有广阔的发展前景，拥有众多有利条件，但是也存在一些制约因素。

一是一些地区的旅游发展缺少整体规划，无序开发破坏了海洋旅游资源。比如，海南海花岛、日月湾等违规违法填海造地事件，致使海域岸线的自然生态风貌被破坏[1]，于2017年底被环保部紧急叫停，值得我们很好地总结和吸取教训。再者，海洋旅游资源管理和开发涉及林业、农业、部队、土地等多个管理部门，各个部门各自为政，宏观管理能力薄弱。[2]

二是部分旅游开发模式单一，各地许多项目雷同，旅游产品缺少创新，吸引力不够。中国很多地方的滨海旅游开发仍处于传统开发的阶段，以近海乘船旅游、海边景点观光旅游、沙滩漫步、海水游泳为主，很少有吸引游客的亮点项目。这些海洋旅游产品整体缺乏创新，长期以来并没有随着消费者需求的改变而进一步优化升级。实际上随着经济水平的提高，中国游客对于旅游的质量要求也在提高，希望旅游业提供多

---

[1] 黄潋：《海洋旅游资源的开发对海洋经济可持续发展的影响》，《旅游纵览（下半月）》2018年第9期。

[2] 陈蓬：《三亚海洋旅游发展研究》，《中国集体经济》2018年第18期。

样化的服务内容，特别是很多游客走出国门，领略到国际旅游先进的理念、优质的服务、丰富的项目和适宜的模式，因而对国内旅游产品的供给产生了更高的要求。如果不能及时调整旅游产品结构，适应消费者新的需求，国内海洋旅游产业的健康发展无疑会受到阻碍，海洋旅游经济的可持续发展也会受到严重影响。

三是一些旅游开发项目中缺少文化元素。一些旅游项目在开发中，与文化不沾边，并没有起到文化引领的作用，缺少生命力，没有凸显当地的特色，以致此地与彼地的项目大同小异，无法给游客留下深刻的印象。实际上，一个项目有没有鲜活的生命力，有没有独特的魅力，关键在于其中有无文化元素。

四是旅游推介的方式比较陈旧，很多还是沿用传统方法进行宣传推介，宣传资料的形式和内容都缺少创新。特别是在信息产业高速发展的今天，有的还没有充分利用互联网等先进手段开展旅游宣传，对旅游资源的宣传与传播力度不够。再者，海洋旅游品牌的宣传营销策划随意性较大，宣传效果欠佳。[①]

五是旅游季节性变化明显，尤其是北方地区，旅游淡季几乎长达半年时间。冬季气候较为寒冷，而目前的涉海旅游项目大多是室外项目[②]，一些很有吸引力的项目在冬季到来之后，就很少有人问津。

六是高层次旅游人才较为欠缺。海洋旅游业属劳动密集型的服务性行业，旅游项目开发的好坏，旅游人才在其中起着很重要的作用。无论是项目策划、设计、包装、推介方面的人才，还是直接与游客面对面的导游和服务人员，都是整个旅游项目成功与否的重要环节。从目前海洋旅游开发情况看，一些地区海洋旅游业存在从业人员素质偏低、流动性大、服务质量不高的问题。另外，也有一些地区缺少旅游人才培养基地。

三　澳大利亚海洋文化旅游业发展的一些做法

（一）澳大利亚的海洋旅游资源特色

澳大利亚是世界上第六大国（按陆地面积计算），是唯一完全被水

---

① 刘洪：《广西北部湾海洋旅游业发展存在的问题及对策研究》，《山东纺织经济》2018年第4期。
② 魏向阳：《加快海洋旅游经济发展的思考》，《管理观察》2018年第6期。

包围的国家。澳大利亚海岸线长约25000公里，周围环绕着数千个小型边缘岛屿和众多较大的岛屿，除此之外还有无数内陆河流、湖泊和水道，因此水上和沿海体验在澳大利亚居民的生活方式中是非常突出的。①

1. 资源特色

澳大利亚漫长的海岸线在确定该国的特色方面起着重要作用。海滩、岛屿、海洋潟湖和色彩缤纷的珊瑚礁都是岛国美丽的风景，点缀着基础设施，以支持众多的水上运动。

钓鱼是澳大利亚的一项热门活动。澳大利亚有许多受欢迎的钓鱼方式，包括河口钓鱼、淡水钓鱼、礁钓、飞钓等。澳大利亚北领地拥有纵横交织的水道网络，包括巨大的潮汐河流、风景秀丽的内陆水潭和红树林林立的河口，为人们提供各种世界级的垂钓选择。东海岸还有许多大型河口河流，包括悉尼北部的霍克斯伯里河和新南威尔士州北部的克拉伦斯河。

澳大利亚有世界上最大的两个珊瑚礁，是潜水者和浮潜者的天堂。大堡礁沿昆士兰州北部热带海岸延伸约1200公里，是自然界七大奇迹之一，也是世界自然遗产。宁格罗礁位于澳大利亚西海岸，在珀斯以北约1200公里。宁格罗礁的沿海珊瑚礁和近海水域是澳大利亚最好的海洋体验之一，也是世界上与鲸鲨一起游泳的最佳地点之一。

澳大利亚拥有各种各样的岛屿度假村。不仅大堡礁上有很多著名的岛屿度假胜地，而且可以在塔斯马尼亚（弗林德斯岛）、南澳大利亚（袋鼠岛）和西澳大利亚找到不太知名的、独特的旅游地。

在澳大利亚，原住民的文化也成为旅游业的一个重要资源。向游客展示原住民的舞蹈等，可以使游客更加了解澳大利亚的风土人情，能够提高游客旅游的知识获得感与满足度。

2. 旅游趋向

澳大利亚拥有漫长的海岸线和无数的岛屿，沿海和内陆河流湖泊可以提供丰富的水上体验。澳大利亚的人口聚集在海岸线周围，东海岸城镇的密度最高。水上和沿海活动是澳大利亚居民日常生活的代名词，也是旅游活动的关键驱动因素。水上和沿海旅游依赖于众多海滩和内陆河

---

① Aquatic and Coastal, Tourism Investment in Regional Australia (Second Half 2019), http://www.tourisminvestment.com.au/content/dam/assets/document/1/6/z/2/m/2005006.pdf, 最后访问日期：2020年1月17日。

流湖泊，包括前往海滩、参观珊瑚礁、观赏鲸鱼或海豚、钓鱼、潜水、浮潜、冲浪和其他水上运动。在澳大利亚，国内过夜游客占主导地位，占所有水上和沿海游客的51%。[①]

（二）澳大利亚文化旅游业的发展状况

1. 国际旅游业对国民经济具有很高的贡献度

旅游业是推动澳大利亚经济发展的一个主要因素，贡献度很大。国际游客统计调查显示，到澳大利亚旅游的国际游客的支出大幅增加，2018年国际游客消费支出增长6.8%，达到1433.72亿美元。[②]

澳大利亚旅游出口委员会（Australian Tourism Export Council）专家认为，旅游业已经全面参与增强该国国际吸引力的过程，正因为如此，澳大利亚的吸引力有增无减。随着越来越多的人寻求探索、获得更大的旅行满足感，澳大利亚成为许多人最理想的目的地之一。特别是澳大利亚周边亚洲国家正在日益增多的中产阶级，他们越来越寻求独特而真实的旅行体验，这使得澳大利亚处于有利地位，并可以进一步利用这一机遇。随着澳大利亚旅游业全力拥抱全球旅游业带来的所有机遇，其旅游服务出口将持续增长。

澳大利亚拥有丰富的自然景点，是世界重要的旅游市场，近年来入境人数增长创下纪录。在过去5年里，澳大利亚的旅游业正处于上升趋势，游客平均每年增加4.9%，同期游客支出增加5.8%。[③]

澳大利亚旅游出口委员会专家还认为，考虑到旅游服务出口是澳大利亚经济未来的重要组成部分，其政府领导人有责任来支持这种未来的增长，应制定澳大利亚《旅游业2020》（*Tourism 2020*）等未来旅游政策，这些政策将全面抓住就业增长等经济机遇，解决可能阻碍旅游业进一步发展的一系列问题。目前来到澳大利亚的游客中，主要市场国的游

---

① Aquatic and Coastal, Tourism Investment in Regional Australia (Second Half 2019), http://www.tourisminvestment.com.au/content/dam/assets/document/1/6/z/2/m/2005006.pdf，最后访问日期：2020年1月17日。

② Australian National Accounts: Tourism Satellite Account, https://www.abs.gov.au/statistics/economy/national-accounts/australian-national-accounts-tourism-satellite-account/2017-18，最后访问日期：2020年1月19日。

③ Investment Opportunities in Regional Australia, http://www.tourisminvestment.com.au/en/investment-opportunities/Regional-Australia.html，最后访问日期：2020年1月9日。

客明显增加，同时来自印度等新兴市场国的游客也在迅速增加。这种状况给澳大利亚带来了挑战，需要吸引更多的人从事旅游业，来支撑其旅游业的发展。因此，现在正是澳大利亚发展旅游业的良好时机。

2. 举办一系列的旅游展会

旅游展会一直是澳大利亚吸引国际游客的重要方法。澳大利亚旅游交流会（Australian Tourism Exchange，ATE）自1979年举办以来，一直吸引世界各地的商家参加。澳大利亚旅游交流会第一次举办时名称叫作"集市"（marketplace），而且只有来自北美的商家参加。到1981年，集市吸引了全世界的兴趣，商家来自欧洲和新西兰。在这期间，集市上只为澳大利亚大型运营商提供50个展位，小型运营商没有机会与国际买家见面。因此，官方为这些小型运营商设立了澳大利亚旅游交流会，并在集市举行之前举行。1985年，这两个活动合并成为澳大利亚旅游交流会集市（ATE Marketplace）。1986年，这个交易会正式被称为澳大利亚旅游交流会。多年来，澳大利亚旅游交流会产品范围不断扩大，已涵盖旅游和旅游的各个方面，包括运输和旅游业务以及国家和区域旅游机构和主题公园。2013年，悉尼引入一种新的交易形式，把之前的7天交易活动缩短至5天，将东西方市场整合在一起。2014年，澳大利亚旅游交流会首次在昆士兰世界自然遗产大堡礁的门口——凯恩斯举办，为参会商提供了一个既放松又令人兴奋的场所。2016年，黄金海岸成为第二个区域性的主办城市。①

为了推动旅游业发展，澳大利亚不仅举办旅游展会，还举办多种高峰论坛。在2019年举办的澳大利亚旅游营销峰会（Australia's Top Tourism Marketing Conference）上，澳大利亚旅游局精心挑选了一批专家，为那些想吸引高收入国际游客的澳大利亚旅游企业量身定做了一套行之有效的旅游市场营销方案。这些精心挑选的专家阵容强大，深入研究重大问题并解决最重要的旅游营销问题②。

为了搞好这些活动，澳大利亚各地成立了一些专业的公司进行策划

---

① 40 Years of ATE, http://www.tourism.australia.com/en/events-and-tools/industry-events/upcoming-tourism-australia-industry-events/ate19.html, 最后访问日期：2020年1月28日。

② Destination Australia Conference 2019, http://www.tourism.australia.com/en/events-and-tools/industry-events/upcoming-tourism-australia-industry-events/destination-australia-2019.html, 最后访问日期：2020年1月28日。

和组织。在澳大利亚维多利亚州,"维多利亚之旅"是该州的主要旅游和活动公司。它通过营销维多利亚的旅游目的地体验、获取商业机会,以及参与重大活动,来激发游客的想象力,最大限度地吸引游客。"维多利亚之旅"的目标是通过在各优势市场实现强劲和可持续的增长,将墨尔本和维多利亚州建成澳大利亚的头号旅游目的地。它的目的是振兴旅游经济,到2025年创造365亿澳大利亚元的游客消费,并支持超过320700个工作岗位。自成立以来,该公司共举办了450多场商务活动、70多场大型活动和180多场区域性活动。2016年7月,"维多利亚之旅"成立了担保有限公司,将维多利亚州旅游精品、维多利亚州大型活动公司和墨尔本会议局整合为一个品牌,在竞争日益激烈、充满活力的全球旅游市场中抓住了商机。该团队在一个协作和快节奏的环境中运作,为工业界和维多利亚州政府提供信息、联系和合作伙伴,以提升维多利亚州的形象。①

3. 举办体育运动赛事

澳大利亚墨尔本拥有世界一流的体育设施、先进的竞技场馆和全天候的节日气氛,众多的活动在这里举行,例如网球大满贯赛事、号称"让澳大利亚全国停下脚步"的墨尔本杯赛马盛会等。游客们常常会惊讶地发现,墨尔本的大多数体育场馆位于市中心步行就能到达的地方,其中就包括深受人们喜爱的墨尔本板球场(MCG)。因此游客可以在下午6点时漫步在著名的具有艺术风格的巷道中,并在晚上7点进入罗德·拉弗竞技场(Rod Laver Arena)观看一场表演;或者在下午5点时在墨尔本著名的独立餐厅用餐,然后在橄榄球世界杯的比赛开赛前赶到并坐在体育场里观看比赛。②

尽管墨尔本的赛事吸引了创人数纪录的观众,门票却很容易买到。在某些情况下,可以提前几个小时到达比赛场地,找到世界级比赛的最佳座位。

4. 制订消费者需求计划

2012年11月,澳大利亚旅游局发布了一项大型国际旅游研究项目

---

① About Visit Victoria, https://corporate.visitvictoria.com/about,最后访问日期:2020年1月30日。

② Follow Your Sport, https://www.visitvictoria.com/united-kingdom/sports-and-events,最后访问日期:2020年1月29日。

的第一部分，旨在了解全球消费者如何看待澳大利亚，以及他们访问澳大利亚的最大动机是什么。该研究在中国、英国、美国、印度、新加坡、马来西亚、印度尼西亚、日本、韩国、德国和新西兰进行。2016年，另外一些市场也被纳入该计划，如巴西、加拿大、法国、意大利等。在过去的5年里，澳大利亚旅游局通过在线消费者调查小组与9万多名国际长途旅行者进行了交流。从消费者需求项目中获得的见解被广泛应用于为澳大利亚旅游业的战略方向、活动发展提供信息和支持，以及构建澳大利亚旅游业价值的潜在机会。①

四 中国海洋文化旅游业发展对策

（一）做好海洋旅游规划

高质量的旅游发展，离不开好的规划指导。制定海洋旅游规划，要把握住中国和世界海洋旅游的发展趋势，要学习国内外优秀的、经典的旅游开发项目在运作中的经验，还要体现当地特色，在保护海洋资源与环境的前提下，有序而高效地发展旅游产业。

（二）打造高质量的旅游产品

充分发挥海洋资源（包括自然资源与人文资源）的优势，打造多种业态的旅游产品。破解北方冬季难以吸引游客的问题，考虑陆海统筹地发展旅游项目，把陆地的一些项目结合进来，运用展会和体育赛事丰富海洋旅游内容。

（三）搞好海洋生态文明建设

尽管海洋旅游业是"无烟工业"，但是当过度开发时，依然会对资源与环境造成巨大的破坏。坚决贯彻"绿水青山就是金山银山"的发展理念，搞好海洋旅游产业中的海洋生态文明建设，让游客通过参与海洋旅游项目，亲近海洋，促进形成人类与海洋生态、海洋环境和谐共处的美好局面。

---

① Consumer Demand Project, http://www.tourism.australia.com/en/markets-and-stats/consumer-research.html，最后访问日期：2020年1月30日。

（四）培养高水平的旅游人才队伍

海洋旅游发展离不开高水平的人才。高等院校应加大海洋旅游人才的培养力度，同时旅游行业也应把人才的培训培养提到更加重要的位置。

（五）用海洋文化引领海洋旅游的发展

大力弘扬海洋文化，提高人们尊重海洋、爱护海洋、保护海洋的意识。海洋文化本身就是生产力，能为海洋旅游业带来巨大的经济效益。海洋文化对于海洋旅游项目来说，可以起到画龙点睛的作用，赋予它们无穷的魅力。因此在设置旅游项目时，应结合当地海洋文化和地方特色历史文化，使海洋旅游充满海洋文化气息，提高游客的快乐和幸福指数。

（责任编辑：樊祥成）

山东省发展康养旅游业 RMFEP 分析与对策

董争辉*

摘　要　随着人民生活水平的不断提高，休闲养生概念逐渐被广大人民群众接受，康养旅游业应运而生，成为中国旅游业中的一个分支和新业态。本文首先从康养旅游业的概念和康养旅游资源的分类两个方面对康养旅游业的研究现状进行了分析，在此基础上对山东省康养旅游业所涉及的资源、市场、功能、体验、产品等五个方面进行了论述，最后提出了发展康养旅游业的对策。

关键词　康养旅游　养生旅游　医疗旅游　森林资源　海洋资源

党的十八大以来，习近平总书记高度重视人民健康安全，指出要"完善国民健康政策，为人民群众提供全方位全周期健康服务"[①]。随着人民生活水平的不断提高，休闲养生概念逐渐被广大人民群众所接受，康养旅游业应运而生，成为中国旅游业中的一个分支和新业态。山东省资源丰富，是中国沿海大省，也是中国经济大省和人口大省。发展康养旅游业对于提高山东人民的健康水平有着很强的现实意义。本文运用RMFEP方法[②]考察山东省发展康养旅游业的基础条件，找出发展的优势

---

* 董争辉（1963～），青岛阜外心血管病医院副主任医师，主要研究领域为医学、健康学。

① 《保障人民健康安全，习近平总书记这样说》，新华网，http://www.xinhuanet.com/2018-08/18/c_1123290549.htm，最后访问日期：2019年11月12日。

② RMFEP是指资源（Resource）、市场（Market）、功能（Function）、体验（Experience）和产品（Product）。

与着力点，并提出进一步发展的对策，使康养旅游业走上可持续发展之路。

一 康养旅游业的研究现状

（一）关于康养旅游业的概念

本文通过对康养旅游最新文献的分析发现，目前学术界并没有就这个概念给出统一的定义，但都聚焦在通过旅游活动，使消费者的身心都达到较之以前更加健康的程度上面。

2016年，国家旅游局发布了关于《国家康养旅游示范基地》的行业标准，专门对康养旅游业做出定义："康养旅游指通过养颜健体、营养膳食、修身养性、关爱环境等各种手段，使人在身体、心智和精神上都达到自然和谐的优良状态的各种旅游活动的总和。"[①] 张馨予、吕春莉认为康养旅游是健康产业与旅游产业相融合的产物[②]，而汪文琪认为康养旅游是康养产品或资源与休闲度假旅游结合的产物，可以帮助人们在旅游中获得身心健康[③]。张贝尔、黄晓霞把康养旅游产业看作产业融合发展下的新兴业态。[④] 韦家瑜、谢琼提出康养旅游与传统旅游不同，它是消费者自发地选择某个旅游休闲中心来进行旅游，既注重养身，又注重养心，而且都是离开原来的住地到异地他乡进行旅游。[⑤]

陈纯指出虽然国内外学者对于康养旅游没有提出统一的概念，但都是围绕"以维持和提升游客身心健康为目的"论述的。[⑥] 李鹏等认为，

---

① 《国家旅游局公告2016年1号〈国家康养旅游示范基地〉行业标准》，全民健康公共服务平台，http://www.cmw-gov.cn/news.view-651-1.html，最后访问日期：2019年11月3日。
② 张馨予、吕春莉：《健康中国背景下烟台康养旅游发展对策浅析》，《中外企业家》2018年第15期。
③ 汪文琪：《基于RMFEP模式的海南省康养旅游产品开发策略研究》，硕士学位论文，海南大学，2018。
④ 张贝尔、黄晓霞：《康养旅游产业适宜性评价指标体系构建及提升策略》，《经济纵横》2020年第3期。
⑤ 韦家瑜、谢琼：《康养旅游应用型高等人才培养研究》，《中国多媒体与网络教学学报（上旬刊）》2020年第4期。
⑥ 陈纯：《溧阳康养旅游产品体系构建研究》，《商业经济》2019年第11期。

"有关康养旅游的概念内涵模糊不清，健康旅游、养生旅游、医疗旅游等相关概念交叉混用的情况较为常见"，并对康养旅游、健康旅游和医疗旅游三者之间的关系做了阐述：康养旅游和医疗旅游都属于健康旅游的范畴，之所以有三种称谓，是因为时代背景不同导致了消费者的主要旅游目的地、所选择的模式功能等各不相同。①

赵思宇等从中医药文化的视角研究了中医药养生旅游业的发展问题，认为中医药养生旅游作为一种具有特色的旅游形式，是蕴含中国传统文化的新型旅游产品。② 林应龙从养生旅游和医疗旅游对比的角度，分析了养生旅游与医疗旅游的异同之处，认为健康旅游含有养生旅游和医疗旅游两个方面，这两个方面的功能是不一样的，前者着眼于预防，后者着眼于康复，当然界限不是泾渭分明，有时相互融合，交织在一起。他还进一步讨论了养生旅游与医疗旅游的概念，认为养生旅游本身是一种专项旅游产品，以养生学为理论指导，运用养生手段，结合优美的生态环境，帮助游客达到强身健体的目的；医疗旅游也是一种旅行活动，是旅行者为了治疗各种疾病而离开居住的地方，到其他地方旅行的活动，这种旅行至少停留一天。③

关于健康旅游，大多数研究是以中医药健康旅游为研究对象的。陈佩佩、王思民认为中医药健康旅游，"主要是运用中医药理念、方法、技术等为游客服务"④。朱笑笑等提出健康旅游要同时满足公众休闲旅游与医疗服务的需要，中医药资源是中国的特色资源，应充分利用这一优势，大力推动中医药健康旅游发展。⑤ 谢思琦等从中医药保健服务的视角研究了人民群众特别是老年人的旅游需求，认为"中医药健康旅游是以实现疾病诊疗、养生保健、康复疗养和美容美体等为目的，以旅游

---

① 李鹏、赵永明、叶卉悦：《康养旅游相关概念辨析与国际研究进展》，《旅游论坛》2020年第1期。
② 赵思宇、于朝东、刘津序：《黑龙江中医药文化养生旅游发展研究》，《合作经济与科技》2020年第7期。
③ 林应龙：《海南健康旅游的市场研究》，硕士学位论文，海南热带海洋学院，2018。
④ 陈佩佩、王思民：《中医药健康旅游创新型高端人才培养现状》，《中国农村卫生》2020年第2期。
⑤ 朱笑笑、钱爱兵、刘军军：《我国健康旅游发展现状及国际竞争力分析》，《产业与科技论坛》2019年第24期。

地的中医药资源及服务设施等为依托的专项旅游活动"①。张馨心等认为中医药国际健康旅游是医疗旅游的一个组成部分，是旅游与健康服务相结合的旅游活动。②

（二）关于康养旅游资源的分类

赵鹏宇把山西省康养旅游资源分为两大类：自然康养旅游资源和人文康养旅游资源。③ 吴海波等认为江西的中医药健康旅游资源主要为生态旅游资源和中医药文化资源，前者包括山水资源、养生资源（温泉、盐浴、森林氧吧等），后者包括旴江医学资源、中药炮制技术资源、杏林文化资源、道教文化资源、"腧穴热敏化艾灸新疗法"（简称热敏悬灸）资源等。④ 鲍兰平认为海南省的健康旅游资源有森林资源、空气资源、气候资源、温泉资源以及中医药资源等。⑤ 张馨予、吕春莉认为烟台市康养旅游资源包括环境资源、海洋资源、海岸地貌资源、文化资源、温泉资源，以及其他物产资源。⑥

二 山东省发展康养旅游业 RMFEP 分析

（一）资源分析

1. 气候资源

山东是中国东部的沿海省份，位于黄河下游、京杭大运河的中北段。山东省的气候属暖温带季风气候类型。山东省光照资源充足，降水集中，雨热同季，春秋短暂，冬夏较长。山东省气温地区差异东西大于南北，全年无霜期由东北沿海向西南递增（见表1）。

---

① 谢思琦、马颖、崔敏：《大健康背景下老年人中医药健康旅游意愿及影响因素分析》，《齐齐哈尔医学院学报》2019年第23期。
② 张馨心、杨逢柱、刘宁、杨婕、王梅红：《中医药国际健康旅游发展的法律问题探讨》，《世界中医药》2020年第1期。
③ 赵鹏宇：《康养旅游：一种新的旅游业态》，《山西日报》2020年1月13日，第10版。
④ 吴海波、周桐、邵英杰、刘统银：《江西发展中医药健康旅游的优劣势分析》，《江西中医药大学学报》2019年第6期。
⑤ 鲍兰平：《海南健康旅游发展对策研究》，《商业经济》2020年第2期。
⑥ 张馨予、吕春莉：《健康中国背景下烟台康养旅游发展对策浅析》，《中外企业家》2018年第15期。

表 1　山东省部分气候指标

指标		数值
年均光照时间（小时）		2290～2890
年均气温（℃）		11～14
全年无霜期	鲁北和胶东（天）	180
	鲁西南地区（天）	220

资料来源：《山东省的气候特点》，百度，https://zhidao.baidu.com/question/748230138228047932.html，最后访问日期：2019年12月20日。

山东省青岛市是驰名中外的旅游避暑胜地，素有"东方的瑞士"之称。青岛气候有着鲜明的特点，即四季分明，夏短冬长；夏无酷暑，冬少严寒；降水适中，热量充足；春夏多雾，冬春风大。青岛夏季较内地短，受海洋影响，比较凉爽，是人们避暑、疗养和游泳的最好季节（见表2）。

表 2　青岛市夏季部分气候指标

指标	数值
夏季年平均天数（天）	80
夏季平均气温（℃）	23
其中：8月平均气温（℃）	25.1

资料来源：《山东省及主要城市概况》，https://wenku.baidu.com/view/18dc9fb81a37f111f1855bb4.html，最后访问日期：2019年12月20日。

2. 森林资源

习近平总书记提出："绿水青山就是金山银山。"[①] 森林不仅能为广大人民群众提供美丽的景色和鸟语花香，还对调节人体免疫功能，预防治疗疾病，改善身体机制和保持健康产生积极作用[②]，是发展康养旅游业的优秀资源。山东省近年来合理保护森林资源，科学开发利用，取得了较好的效果。山东省于2017年开展了第九次森林资源清查工作，据

---

① 《绿水青山就是金山银山》，新华网，http://www.xinhuanet.com/politics/szzsyzt/lsqs2017/index.htm，最后访问日期：2019年12月20日。
② 邓小辉、李雪芬：《四川广安华蓥山森林康养旅游开发优势及对策》，《农技服务》2020年第1期。

统计全省土地总面积 1522.21 万公顷,其中林地面积与非林地面积分别为 349.34 万公顷、1172.87 万公顷①(见图 1)。

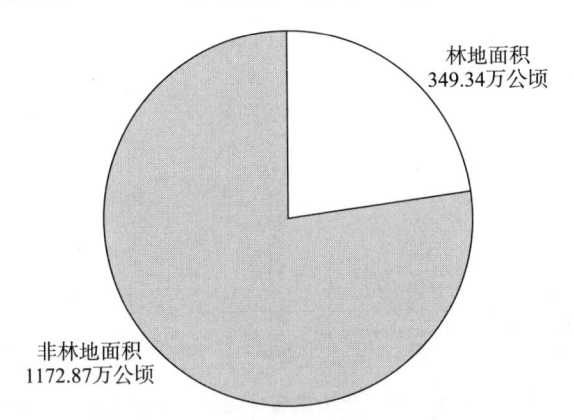

图 1　2017 年山东省林地面积与非林地面积

截至 2019 年 1 月,山东省共有各类森林公园 248 处,森林公园总面积达 43 万公顷。② 各类森林公园数量分布见图 2。

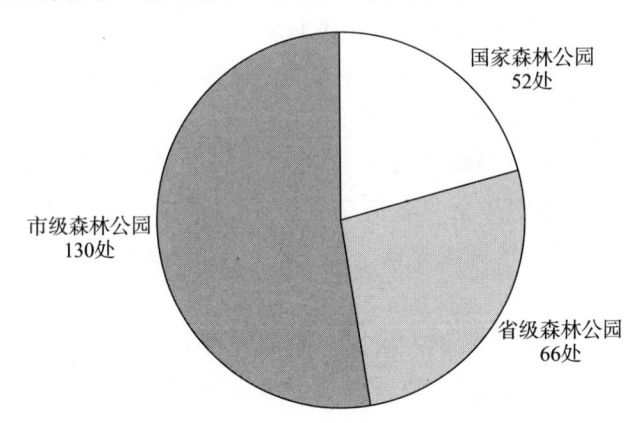

图 2　山东省各类森林公园数量

资料来源:张芬、杨传强、赵青、王丽、刘政《山东省森林资源现状及动态变化分析》,《山东林业科技》2019 年第 6 期。

2014～2018 年,山东省省级以上森林公园数量保持稳定,总量在

---

① 张芬、杨传强、赵青、王丽、刘政:《山东省森林资源现状及动态变化分析》,《山东林业科技》2019 年第 6 期。
② 邵飞、白树伟、高晴、宋媛媛:《山东森林旅游发展趋势分析》,《山东林业科技》2019 年第 3 期。

全国名列前茅（见图3）。①

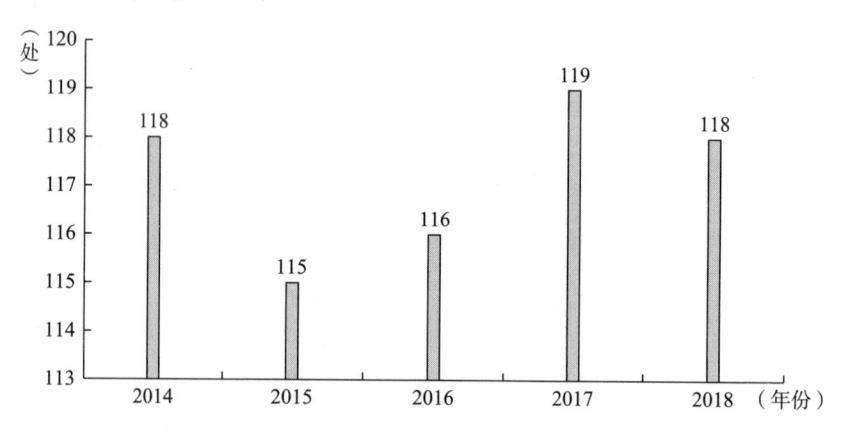

图3　2014~2018年山东省省级以上森林公园数量

资料来源：张芬、杨传强、赵青、王丽、刘政《山东省森林资源现状及动态变化分析》，《山东林业科技》2019年第6期。

3. 海洋资源

海洋资源历来是旅游开发的重要依托，可以为广大消费者提供海中嬉水、沙滩日光浴、时令海鲜品尝等众多旅游项目。这里仅就与康养旅游业相关的部分资源进行分析。

山东省海岸线长3345公里，约占全国的1/6；毗邻海域面积15.95万平方公里；海岛589个，海湾200余个，海洋资源丰度指数全国第一。② 山东省海洋自然资源丰富，"一洲二带三湾四港五岛群"③ 就是典型的代表。

一洲，是指黄河三角洲。黄河三角洲是世界上最典型的河口湿地生态系统，地处大气、河流、海洋与陆地交接地带，其中，陆地、海洋、淡水、咸水等多种生态系统在此交错分布，具有发展生态旅游的优越条件。④ 黄河三角洲由于黄河的冲积作用，能自然生长土地，每年可增加

---

① 邵飞、白树伟、高晴、宋媛媛：《山东森林旅游发展趋势分析》，《山东林业科技》2019年第3期。
② 《"海上山东"与"海洋强省"之路》，搜狐网，https://www.sohu.com/a/240653513_726570，最后访问日期：2019年12月20日。
③ 商金杰：《山东按"一洲二带三湾四港五岛群"构建海洋经济圈》，中华人民共和国中央人民政府网站，http://www.gov.cn/jrzg/2006-09/04/content_376753.htm，最后访问日期：2020年1月10日。
④ 黄秉杰、谭玲：《黄河三角洲生态文明建设新探》，《商》2016年第7期。

土地约 20 平方公里。①

二带，是指富集于莱州湾的卤水资源密集区，以及从莱州三山岛一直到日照岚山头的岩石质、砂质海岸带。前者是盐化工产业发展的基础，后者则可以为广大康养消费者提供拥有青山秀水、碧海蓝天、阳光沙滩等的休闲胜地。

三湾，是指莱州湾、荣成湾和胶州湾。莱州湾是中国主要的渔场，尤以对虾闻名于世。② 荣成湾湾内岩礁地带盛产海参和贝类、藻类，其中比较著名的是海带；湾内的月湖是大天鹅、鸿雁和野鸭等候鸟的越冬之处，是全国最大的天鹅越冬栖息地，又被人们称为天鹅湖。③ 胶州湾是青岛的母亲湾。2016 年 8 月，胶州湾国家级海洋公园获国家批准，海洋公园内包括浅海湿地、潮间带湿地、潮上带湿地、河口湿地以及人工湿地（养殖池、盐田）等多种湿地类型，是鸟类重要的繁殖地、越冬地与迁徙停歇地。④

四港，是指青岛港、烟台港、日照港和渤海湾港（在 2019 年山东省港口整合之前，原来的四港指青岛港、烟台港、日照港和威海港）。⑤ 其中青岛港、烟台港、日照港是吞吐量超过 4 亿吨的大港。这些港口都是工业旅游的绝好之地。

五岛群，是指滨州近岸岛群、长山列岛岛群、威海近海岛群、青岛近海岛群和日照的南三岛群。这些海岛大多数离岸较近，岛上风景优美、空气清新，时令海鲜不绝于口，非常适合开展康养旅游业。

4. 崂山道教文化资源

崂山是道教名山，道教文化博大精深、内涵丰富，凝聚了石刻、建筑、武术等众多物质、非物质文化遗产，为开展健康养生旅游提供了很

---

① 廖洋、李粟、寇大鹏：《立足自主创新突出"科技兴海"为建设半岛蓝色经济区提供科技支撑——访山东省科技厅副厅长、国家海洋科学研究中心主任李乃胜》，科学网，http://news.sciencenet.cn/sbhtmlnews/2009/8/222403.html? id =2，最后访问日期：2019 年 12 月 20 日。
② 《莱州湾》，百度，https://baike.baidu.com/item/莱州湾/2684707? fr = aladdin，最后访问日期：2019 年 12 月 20 日。
③ 《荣成湾》，百度，https://baike.baidu.com/item/荣成湾，最后访问日期：2019 年 12 月 20 日。
④ 《胶州湾》，百度，https://baike.baidu.com/item/胶州湾，最后访问日期：2019 年 12 月 20 日。
⑤ 《青岛港、烟台港、日照港和渤海湾港四大港整合，全国最大的港口集团浮出水面!》，搜航网，http://www.sofreight.com/news_36496.html，最后访问日期：2020 年 1 月 10 日。

好的基础条件。2013年，崂山道教建筑群被确定为国家级文物保护单位。① 游客来到这里，可以感受历史，赏心悦目，修身养性，陶冶性情。

（二）市场分析

2017年，山东已经进入中度老龄化社会，老年人口超过2137万，位居全国之首。② 2018年山东省体质健康抽查复核和儿童青少年近视调查显示，中小学生超重和肥胖率依然较高，为24.01%；总体近视率为58.66%。③ 山东省居民心理应激因素日益增加，人群整体健康素养水平不高。④ 这一切都说明山东省发展康养旅游业是十分迫切和必要的。

同时，山东省广大人民群众的人均可支配收入和人均消费支出也在不断增长，为开展康养旅游业提供了可能（见表3）。

表3 2019年山东省居民人均可支配收入和人均消费支出及增长速度

单位：元，%

指标	城镇居民		农村居民	
	绝对量	比上年增长	绝对量	比上年增长
人均可支配收入	42329	7.0	17775	9.1
工资性收入	26611	6.3	7165	9.4
经营净收入	6046	8.3	7799	8.4
财产净收入	3575	7.1	456	6.4
转移净收入	6097	9.1	2355	10.8
人均消费支出	26731	7.8	12309	9.2
食品烟酒	6965	6.7	3423	8.3
衣着	2042	1.7	671	7.9

---

① 林希玲、郑喜月：《青岛市宗教文化遗产的保护、开发与利用》，《中共青岛市委党校 青岛行政学院学报》2017年第3期。
② 范佳、马卓仪《山东老年人口全国最多 已进入中度老龄化社会！程度最严重的是威海》，百度，https://baijiahao.baidu.com/s? id=1601411542881350445&wfr=spider&for=pc，最后访问日期：2019年10月27日。
③ 冯振弘：《青少年肥胖、近视问题突出 山东将用这些具体措施推进中小学健康促进工作》，百度，https://baijiahao.baidu.com/s? id=1651863548505926187&wfr=spider&for=pc，最后访问日期：2019年10月27日。
④ 《省委、省政府印发〈"健康山东2030"规划纲要〉》，济宁市人民政府网站，http://www.jining.gov.cn/art/2018/3/20/art_13655_682878.html，最后访问日期：2020年2月20日。

续表

指标	城镇居民		农村居民	
	绝对量	比上年增长	绝对量	比上年增长
居住	5883	11.0	2421	9.3
生活用品及服务	2083	9.6	838	10.0
交通通信	3762	4.4	1999	6.7
教育文化娱乐	3171	9.3	1429	12.6
医疗保健	2184	11.1	1343	11.5
其他用品和服务	640	9.6	184	11.0

资料来源：《2019年山东省国民经济和社会发展统计公报》，http://district.ce.cn/newarea/roll/202003/05/t20200305_34410520_1.shtml，最后访问日期：2020年3月7日。

注：由于四舍五入原因，"人均消费支出"加总数与各项人均消费支出之和稍有出入。

近年来，山东大力发展旅游新业态，打造了一批"文化体验游、工业遗产游、红色教育游"①项目，为进一步发展康养旅游业提供了广阔的平台。2018年，山东省人民政府印发了《山东省精品旅游发展专项规划（2018－2022年）》，对山东省精品旅游的发展做出了安排，也为康养旅游业的发展提供了机遇（见表4）。

表4 2022年山东省旅游产业发展规划情况

名称	2022年
年接待国内外游客（亿人次）	＞11
旅游消费总额（万亿元）	＞1.5
旅游休闲产业增加值（亿元）	8000
占GDP比重（%）	8

资料来源：《山东省人民政府关于印发山东省精品旅游发展专项规划（2018—2022年）的通知》，山东省人民政府网站，http://www.m.sd.gov.cn/art/2018/11/8/art_2259_28967.html，最后访问日期：2020年3月8日。

（三）功能分析

康养旅游提供给消费者的功能有两大类，一类是核心功能，另一类

---

① 《山东："旅游＋"战略助推门票经济向产业经济跨越》，百度，https://baijiahao.baidu.com/s?id=1636024190829212732&wfr=spider&for=pc，最后访问日期：2020年3月8日。

是附加功能。核心功能就是以康养为主，附加功能则包括文化功能、休闲功能、社交功能等。山东省目前在康养旅游业发展的核心功能方面还存在一定问题，例如，健康服务供给总体不足，优质资源不突出，健康服务业占比较低，且仍以医疗卫生服务为主，生物、医疗、体育、旅游等细分产业缺少协作联动。① 因此，为了提升山东省康养旅游业的竞争力，应该强化核心功能的开发。

（四）体验分析

康养旅游的体验划分为补偿性体验、遁世性体验和认知性体验三类。补偿性体验主要是指人们为了恢复身心健康而主动寻求的旅游活动。遁世性体验主要表现为追求一种"慢、闲、真"的健康生活方式。认知性体验是指人们在旅游过程中可以增长阅历、感受异地风情，同时实现对自我的价值评价。

山东省康养旅游业的补偿性体验可以包括温泉洗浴、去植物园体验负氧离子、到海滩上做日光浴等。而这些资源正是山东省的资源优势所在。

在遁世性体验方面，山东省的资源也十分丰富。在山东省可以为广大人民群众提供健康饮食、健身运动的场所比比皆是。而且山东省还有众多人文资源，从深山中的道教文化、秦始皇三次登临的琅琊台，到素有"中国好望角"之称的成山头，再到儒学的表征——曲阜孔府、孔庙、孔林，均可以提供一种文化的力量，渐入人们的心灵，慢慢使人素养提高、心情放松，性情、行为与生活方式也随之发生改变。

对于认知性体验，山东省的优势同样十分显著。不需要走出山东，就可感受沿海地区与内陆地区的不同、沿黄文化与海洋文化的不同，而与之相随的自然资源与人文资源也都存在较大的差异。

（五）产品分析

康养旅游产品的开发要以市场需求为导向，针对不同的消费群体设计出不同的产品，满足不同消费者的需求。

---

① 《德州市人民政府关于印发德州市医养健康产业发展规划（2018—2022年）的通知》，http://wap.dezhou.gov.cn/n43516910/n43517487/c50744684/content.html，最后访问日期：2020年2月20日。

山东省现在在康养旅游产品方面积累了一些经验，也打造出一些品牌。比如现在山东省各地都建有以康养为主题的酒店和特色小镇、以呼吸负氧离子为主题的森林公园、以养生为主题的饭店等。2019 年，威海市开展了健康养生主题宴会推广月活动，推出十大"威海印记"养生宴。2017 年，青岛平度举办了首届中国养生美食文化节，威海文登出品了"老子养生文化主题宴"。2017 年，山东省旅游发展委员会对外公示了 14 家文化主题饭店，其涉及的主题多达 14 种（见图 4）。这些产品都成为山东省发展康养旅游产业的良好品牌。

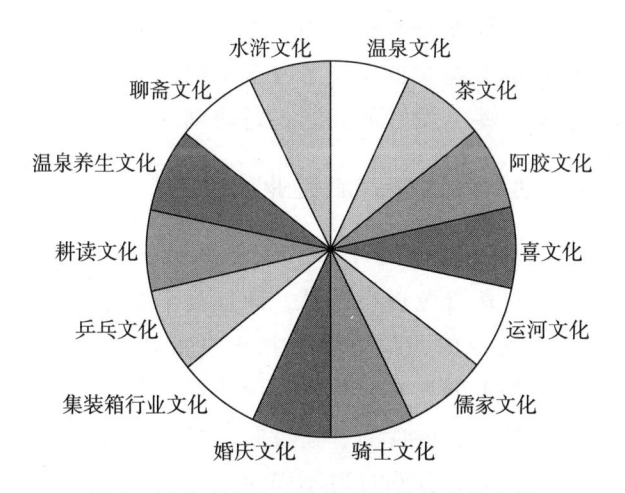

图 4　14 家文化主题饭店所涵盖的文化主题

资料来源：《山东公布 14 家文化主题饭店名单》，https://www.sohu.com/a/211439312_114775，最后访问日期：2020 年 2 月 12 日。

三　山东省发展康养旅游业的建议

（一）正确认识康养旅游业的重要性

人口老龄化和生活方式健康化呼唤康养旅游业的发展，特别是中年人由于担负工作和家庭双重重担，更易受到亚健康的折磨。新冠肺炎疫情暴发期间，在疫情防控工作中，如何更好地为人民群众提供优质科学的健康服务项目，促进人民群众的身体健康，增强人民群众抵御新冠病毒的能力，正是各级政府和康养旅游业规划管理者，以及全体从业者所应思考的问题。山东省是中国人口大省，处于中国北方与长三角经济区的连接之处。山东省发展康养旅游业，既可为山东省广大人民群众提供健康服务，又能为长江三角洲经济区乃至珠江三角洲经济区广大人民群众提供缓解精神压力、休闲放松、恢复体力的场所。因此，发展康养旅游业，是新时代赋予山东省的重大机遇。

（二）开展康养旅游业的市场调研

康养旅游业的市场需求，既不能夸大，也不能缩小，而是要认真做好市场研判。要针对不同年龄层次、不同知识层次、不同收入层次的人群进行市场调研，既要充分看到政治、经济、社会、法律、文化、科技等宏观因素对市场的影响，也要注意分析不同群体的性格喜好等带来的影响，同时也要对一些突发性的问题进行研判。

（三）有规划地发展康养旅游业项目

一是根据自然资源进行设计。不仅要根据山东省气候、森林、海洋、温泉、海岛等自然资源进行设计，而且要全面对比山东省的自然资源与其他省份自然资源的不同之处，找出自身特色，努力做到人无我有、人有我优。二是根据人文资源进行设计。山东省的人文资源十分丰富，有历史的、宗教的、饮食的、建筑的，等等，各具千秋。因此应对人文资源进行功能分类，分别打造不同功能的产品，满足不同需求的消费者。

（四）培养康养旅游业急需的人才

康养旅游与一般性旅游有一个很大的不同，就是消费者不是为了一般性的观光和休闲而进行旅游，而是为了调理身体、放松心情、缓解压力。因此康养旅游业所需要的人才与一般性旅游所需要的人才，既有相同之处，也有不同之处。对于康养旅游业的导游来说，既要了解这些旅游产品（景点）的背景故事和特点，又要了解掌握它们对于养生健康的作用机理，从而为游客详细介绍各种康养旅游产品（景点）的功能和原理，将康养旅游的服务提升到更高的层次。

（五）做好生态环境保护

美好的生态环境是开展康养旅游业的基础，否则，康养旅游业就成了无源之水、无本之木。一是要对广大消费者进行环保教育，树立环保意识。二是注重规划优先，做好顶层设计。在规划中要实事求是、定位准确，在"制定主题时不能违背自然规律"[①]，做到对康养旅游资源的合理、科学的可持续开发利用。

（六）做好康养旅游中的医疗保障工作

在进行康养旅游活动中，要自始至终做好消费者的医疗保障工作。除了宣传养生保健知识，还要对一些可能发生疾病的情况进行提前警示，并且提醒长期服药的老年消费者按时服药；同时要备有一些常用急救药品和常用医疗器械，对突发性的疾病和跌打损伤进行及时处理，情况严重的送医院就诊。

（责任编辑：樊祥成）

---

① 代守鑫：《全域旅游背景下山东康养旅游模式创新研究》，《旅游纵览（下半月）》2019 年第 10 期。

·学术争鸣·

京津冀地方环境政策有效性与协同性研究[*]

刘 叶 李素月[**]

摘　要　本文采用政策文本量化分析法对京津冀三地的环境政策从发文数量和主题词频数两个方面构建立法强度指标,利用信息熵的方法计算出"工业三废"的权重从而构建环境污染综合指数,引入环境政策执行和监督指标以及相关的经济行为指标,以2008~2017年为样本期间,建立动态面板模型,以估计京津冀地方环境政策和相关经济行为的有效性。本文还利用耦合协调度模型对"环境质量—环境法律体系—经济行为"三个系统的协调发展水平进行了分析,在此基础上给出了京津冀三地进一步加强在环境法律体系和经济行为两方面联合行动的政策建议。

关键词　生态环境联合治理　环境质量　政策文本量化分析　中介效应

---

[*] 本文系国家社科基金项目"中国城市扩张的动态演化机制及生态环境效应研究"（18CJY019）、教育部人文社科基金项目"特朗普政府'美国优先'贸易战略有关问题研究"（19YJC790086）的阶段性成果。

[**] 刘叶（1982~），天津工业大学经济与管理学院副教授，南开大学经济学博士，主要研究领域为能源环境经济学、国际经济学。李素月（1997~），天津工业大学经济与管理学院硕士研究生，研究方向为经济与环境。

引　言

自改革开放政策实施以来，中国经济呈现快速发展的良好态势，但地区发展不平衡始终是制约中国经济发展和社会和谐的一个突出问题。为了应对这一严峻形势，中央政府先后制定了西部大开发、振兴东北和中部崛起等一系列重大发展战略。尤其是在2014年，习近平总书记提出京津冀三地协同发展的重要发展战略。该战略之后被载入《京津冀协同发展规划纲要》（以下简称《纲要》），由中共中央政治局会议审议通过，正式成为中国重大经济战略之一。河北省和天津市积极响应中央政府的这一重大战略部署，陆续出台《纲要》的贯彻落实方案和意见。在这一背景下，学术界就京津冀协同发展问题分别从产业分工、大城市群定位、创新能力协同等角度进行了研究[1][2][3][4]。《纲要》还明确提出京津冀三地协同发展的另一重点领域"生态环境合作"，即打破行政区域限制，构建生态环境污染防控共同体。

其实，以打破行政区域限制开展区域生态合作为手段来保障区域生态安全和促进生态文明建设的学术思想由来已久。张予等将水资源—风沙—大气污染视为一个跨区域的环境系统，明确提出了各方主体可以采取的生态合作方式和监督评价机制。而解决大气污染问题是区域生态合作的最大推手。[5] 2013年，京津冀及周边地区连续成为雾霾重灾区，引起了政府和公众对生态环境问题的重视。正如薄文广和陈飞所言，"大气的广域性、整体性特点，使得相邻地区的环境状况可以互相影响"，如果没有邻近省份的"配合"，通过自身燃料结构调整改善环境质量很

---

[1] 孙久文、姚鹏：《京津冀产业空间转移、地区专业化与协同发展——基于新经济地理学的分析框架》，《南开学报》（哲学社会科学版）2015年第1期。
[2] 陆大道：《京津冀城市群功能定位及协同发展》，《地理科学进展》2015年第3期。
[3] 薄文广、殷广卫：《京津冀协同发展：进程与展望》，《南开学报》（哲学社会科学版）2017年第6期。
[4] 孙瑜康、李国平：《京津冀协同创新水平评价及提升对策研究》，《地理科学进展》2017年第1期。
[5] 张予、刘某承、白艳莹、张永勋：《京津冀生态合作的现状、问题与机制建设》，《资源科学》2015年第8期。

难奏效。① 这与马丽梅和张晓②以及潘慧峰等③发现的"环境污染具有空间溢出效应"不谋而合——按照属地模式治理与大气污染物扩散规律不符,无法避免区域间大气交叉污染和重复治理现象,也不能充分调动各方主体治理大气污染的积极性。刘海猛等④的最新研究表明:2014年,京津冀地区仅有13.9%的县(市、区)空气质量达标,PM 2.5浓度存在显著的空间集聚性与扩散性,城市间交互影响的距离平均为200千米,邻近地区的PM 2.5浓度每升高1%,将导致本地PM 2.5浓度至少升高0.5%。

此外,基于当前财政分权制度和经济增长的政绩考核体制,中国地方政府在利用外资、发展经济过程中普遍存在环境政策相互攀比式的竞争,即"逐底竞争"效应,这已经被很多学者观察到⑤⑥。刘华军和彭莹最新的研究利用两区制空间 Durbin 模型,将环境的"逐底竞争"理论拓展到雾霾污染区域协同治理中,发现尽管中央已经将环境质量纳入地方政府的政绩考核体系,但是地方政府官员为了 GDP 增长,仍然会竞相放松环境监管力度⑦。

由此可见,实现京津冀区域环境联合治理势在必行。这需要突破将河北省区域功能定位为"承接北京高污染、高能耗产业转移,为北京缓解生态环境压力"的狭隘观点,促使京津冀三地共同构建"资源—经济—环境"全方位协同发展网络,在实现区域产业分工协作的基础上以环境的共同改善为导向,追求"齐头并进"而不是"为此失彼""厚此薄彼"。

中央政府和地方政府以立法的形式对环境破坏加以限制、监督和惩

---

① 薄文广、陈飞:《京津冀协同发展:挑战与困境》,《南开学报》(哲学社会科学版)2015年第1期。
② 马丽梅、张晓:《中国雾霾污染的空间效应及经济、能源结构影响》,《中国工业经济》2014年第4期。
③ 潘慧峰、王鑫、张书宇:《雾霾污染的持续性及空间溢出效应分析:来自京津冀地区的证据》,《中国软科学》2015年第12期。
④ 刘海猛、创琳、黄解军:《京津冀城市群大气污染的时空特征与影响因素解析》,《地理学报》2018年第1期。
⑤ 杨海生、陈少凌、周永章:《地方政府竞争与环境政策——来自中国省份数据的证据》,《南方经济》2008年第6期。
⑥ 李拓:《土地财政下的环境规制"逐底竞争"存在吗?》,《中国经济问题》2016年第5期。
⑦ 刘华军、彭莹:《雾霾污染区域协同治理的"逐底竞争"检验》,《资源科学》2019年第1期。

罚，是中国当前环境保护最强有力的手段。这既包括与环境标准、排污许可与排污费、环境质量检测与评价、生态防治专项资金/生态补偿金制度、联合执法等相关的立法行为，也包括允许公众参与环保、对违反环境法律法规的行为进行处罚，以及引导公众树立环保新理念。此外，产业结构调整和工业污染治理投资等经济行为以及技术进步水平都可能会影响环境质量。[①]

为此，本文研究了基于京津冀三地地方政府政策文本构建的政策立法—执行—监督指标和以工业污染治理投资、产业结构调整为代表的经济行为指标与环境质量指标的有效性，并在此基础上探索环境质量—环境法律体系—经济行为三个系统的协同发展水平。本文的贡献主要体现在以下几个方面：①从与"工业三废"相关的法律法规文本的数量与文本内容中高频主题词频数两方面来构建环境立法政策强度，比用污染治理费用支出、污染征税额、单位产出的能耗或碳排放等间接指标更能直接反映环境立法政策的强弱；②将"工业三废"排放的综合指标作为京津冀三地环境政策和环境质量的量化指标，比单纯地考虑单一方面的指标更加全面和客观；③利用耦合协调度模型分析了环境质量—环境法律体系—经济行为三个系统的协同发展水平，是对京津冀三地环境协同发展问题的拓展研究。

一 环境政策有效性测度

为了研究京津冀地方政府环境政策是否能有效改善环境质量，本文在此首先构建反映地方政府环境政策的测度指标，然后结合环境质量的测度指标，采用计量模型进行量化研究。

（一）政策文本筛选

政策文本是政府以书面文字的形式传递的意志、要求、价值取向和目标。鉴于本文着眼于京津冀地方政府环境政策的协同发展问题，三省市所面对的中央层面的环境政策是一致的，工业污染又是环境恶化的主

---

① 张国兴、邓娜娜、管欣、朱向东、周艺、王振波、张蔷：《公众环境监督行为、公众环境参与政策对工业污染治理效率的影响——基于中国省级面板数据的实证分析》，《中国人口·资源与环境》2019年第1期。

要原因，本文特选取三个地方政府出台的与"工业三废"相关的政策文本作为研究对象。考虑到政府政策资料的可获得性以及政府环境污染治理始于最近十来年这一事实[1]，本文选择2008~2017年作为研究期间，在北大法宝法律数据库、京津冀地方人民政府和省（直辖市）环境保护局官方网站搜集关于"工业三废"的政策文本，检索关键词主要为"污染""环境""生态""大气""排污"等。参照魏巍和张慧颖[2]、田进和谢长青[3]等的做法，本文将地方政府发布的与"工业三废"相关的环境保护条例、文件、实施意见、指导意见、实施方案、法规、通知、执行标准和管理条例/办法等直接反映政府意志的文件作为政策文本分析的依据。[4] 为确保搜集的政策文本具有更好的代表性，本文进行了更深层次的筛选，原则如下：一是，尽管环保部、中央人民政府等中央层面行政管理部门发布的文件不在考虑范围内，但如果它们发布的文件被地方政府转发，并载有地方文件编号，则纳入统计范围；二是，选取的政策文本不包含批复、复函、通报、公示以及短期的工作动态等类型[5]；三是，三个地区联合出台、同步实施的政策措施不在统计范畴以内[6]；四是，只考虑省（直辖市）政府机构的发文，将地市级相关部门的发文排除在外。通过以上筛选，最终选定政策文本121份，其中北京市33份、天津市46份、河北省42份。

（二）指标构建

1. 环境政策指标构建

本文利用python软件，对每份政策文本提取政策主题词。鉴于政

---

[1] 张忠利：《改革开放40年来生态环境监管执法的回顾与展望》，《中国环境管理》2018年第10期。

[2] 魏巍、张慧颖：《政策工具视角下的京津冀健康产业政策文本量化比较研究》，《中国卫生政策研究》2018年第7期。

[3] 田进、谢长青：《中国农业科技创新政策文本：基于政策工具——科技创新链的二维分析框架》，《科学管理研究》2018年第3期。

[4] 鉴于"规划"只是发展的思路和大方向，缺乏强有力的约束力，故本文将规划排除在考察范畴以外，例如，河北省人民政府办公厅2012年发布的《河北省生态环境保护"十二五"规划》就不在样本范围内。

[5] 例如，北京市生态环境局发布的《北京市2018年1-3季度水环境区域补偿办法实施情况》，河北省生态环境厅2018年发布的《第三季度废弃电器电子产品拆解处理审核情况的公示》。

[6] 例如，《京津冀及周边地区2018-2019年秋冬季大气污染综合治理攻坚行动方案》。

策文本中存在大量含义相同或接近的主题词，我们将同义主题词进行合并归类，进而得到每一类政策主题词。在这个过程中，需要剔除频数较少的超低频主题词和含义过于宽泛的主题词。按照政策发挥作用方式的不同，将这些主题词大致分为三类：第一类为命令型，体现为环保标准和政治考核压力，包括行政许可/许可证、限批、能评（审查）/环评、污染犯罪（违法）/刑事责任、排放限值（监控）、黑名单（制度）、关停/退出/停工/改造、问责/追责/约谈、党政同责、环境准入、清洁化（生产）/绿色、节能、错峰生产、产业机构调整、落后产能；第二类为经济型，体现为利用各种经济手段刺激和激励，包括损害补（赔）偿/索赔、生态（保护）补偿/财政补贴（奖补）、罚款/处罚、阶梯价格/加价制度/差别化、排污（收）费、资源费、污水处理费、专项资（基）金；第三类为教育与信息型，体现为宣传引导、公开信息、舆论压力等，包括社会监督、公众参与、公布/公开、举报、宣传。依此方法对每一年相关主题词出现频数分别统计。在此基础上，构造环境政策立法强度指标，用来表征京津冀三地地方政府对环境立法的重视程度。如下：

第一种构造方式用 LF_{it} 来表示：$LF_{it} = (N_{i,t-1} + \Delta N_{i,t}) \times (\sum_{t=1}^{t}\sum_{j=1}^{n} G_{ijt})$。其中，$\Delta N_{i,t}$ 表示第 t 年 i 省份政府发布的环境保护方面的政策文件数量，$N_{i,t-1}$ 表示 $t-1$ 年 i 省份政府及相关部门累计发布的环境保护方面的文件数量总和，$\sum_{t=1}^{t}\sum_{j=1}^{n} G_{ijt}$ 表示 t 年度 i 省份上述政策文本中有关环境保护的 n 个政策主题词出现的累计频数总和。

第二种构造方式用 PQ_{it} 来表示：$PQ_{it} = \Delta N_{it} \times (\sum_{j=1}^{n} G_{ijt})$。与第一种方式不同，这种方式采用的是新增数据，而不是累计数据。在计量检验过程中，我们将该指标作为稳健性检验的替代指标。

为了克服异方差，后文模型中对频数和 $\sum_{t=1}^{t}\sum_{j=1}^{n} G_{ijt}$ 和 $\sum_{j=1}^{n} G_{ijt}$ 进行了对数化处理，对于个别年份没有发文导致的频数和为零的情况，将 LF_{it} 和 PQ_{it} 的指标值设为零。

2. 环境质量指标构建

在当前，工业生产活动是影响环境质量的最主要因素。不同工业行业排放的污染物种类有所不同，不能将各地区不同污染物种类排放数量进行简单的相加。考虑到自1996年开始实施的《中华人民共和国固体废物污染环境防治法》（第二节的第27、28、29、31条）将减少工业固体废物产生量作为污染防治的重点内容，本文将工业固体废物产生量（含危险废物）作为"工业固体废物污染"的代理变量（用M表示）；由于工业废水排放中的化学需氧量、氮氧化合物等数据统计口径不一，而工业废水排放量数据最为完整，故本文将其作为"工业废水污染程度"的代理变量（用N表示）；此外，因工业废气排放量数据统计口径自2015年被取消，所以本文只能选择"工业二氧化硫排放量"（用S表示）和"工业烟（粉）尘排放量"（用F表示）取而代之。为此，采用信息熵的方法确定"工业二氧化硫排放量"和"工业烟（粉）尘排放量"两个指标属性的权重W_1和W_2，构建出"工业废气排放量"指标$Z_{it} = W_1 \times S_{it} + W_2 \times F_{it}$。在此基础上，再次利用这种方法构建出囊括"工业三废"三个属性的污染综合指数$H_{it} = V_1 \times M_{it} + V_2 \times N_{it} + V_3 \times Z_{it}$，其中$V_1$、$V_2$和$V_3$分别表示工业固体废物、工业废水和工业废气对应的三个指标属性的权重。

权重具体的计算过程如下：先将原始数据（X_{ij}）通过归一化处理为r_{ij}，$r_{ij} = x_{ij} / \sum_{i=1}^{n} x_{ij}$，其中$n$表示样本数量，$r_{ij} \in (0,1)$；计算指标属性的权重$E_j = -k \sum_{i=1}^{n} r_{ij} \ln(r_{ij})$，其中$k = 1/\ln(n)$，$n$表示样本的数量；据此计算信息度偏差$d_j = 1 - E_j$；最后计算$j$指标属性权重$w_j = d_j / (\sum_{j=1}^{m} d_j)$，其中$\sum_{j=1}^{m} w_j = 1$，权重$w_j$越大，说明该指标属性对综合指标的影响越大。通过计算得到：$W_1 = 0.570$，$W_2 = 0.430$，$V_1 = 0.347$，$V_2 = 0.416$，$V_3 = 0.237$，即得到：$Z_{it} = 0.570 \times S_{it} + 0.430 \times F_{it}$，$H_{it} = 0.347 \times M_{it} + 0.416 \times N_{it} + 0.237 \times Z_{it}$。

3. 其他指标构建

与环境质量密切相关的指标还包括工业污染治理投资和产业结构。工业污染治理投资越高，越有助于降低污染水平。当地方政府出台严厉的环境政策时，为了免遭巨额罚款或被关停的威胁，企业会进行污染治理投资。工业污染治理投资可以用累计工业污染治理投资占工业增加值的比重来表示。与此同时，征收排污费也是政府执行环境政策的一种重要体现——政府的环境保护立法越强，对污染企业征收的税额越高，否则就越低。考虑到排污费的征收额度往往与企业的产出有关，因此，用排污费征收额占工业总产值的比重来测度该指标。如前文所说不同产业污染物排放的类型和强度都有不同，所以产业结构是影响环境质量不容忽视的因素。在整个产业结构中，第二产业污染相对严重，其中电力、热力的生产和供应业，有色金属矿采选业，农副食品加工业，造纸和纸制品业，纺织业，饮料制造业，石油加工、炼焦和核燃料加工业，化学原料及化学制品制造业，化学纤维制造业，非金属矿物制造业，黑色金属冶炼和压延加工业，有色金属冶炼和压延加工业等 12 个行业污染比其他行业更为严重。[①] 为此，将上述 12 个污染物密集度指数（PDI）较高的行业产值占 GDP 的比重作为产业结构的代理指标，记作 S_{it}。

这些指标所用数据来源于相关年份的《中国统计年鉴》《北京统计年鉴》《天津统计年鉴》《河北经济年鉴》《中国环境统计年鉴》。

（二）政策有效性检验

1. 模型设定与指标解释

为了量化地方政府立法、执法和监督体系以及相关经济行为对环境质量的影响，考虑到在经济运行过程中通常存在时间滞后效应，即被解释变量的滞后期也会影响被解释变量当期值，构建如下回归方程：

$$H_{it} = \delta_p \sum_{P=1}^{Q} H_{i,t-P} + \alpha + \beta_j \sum_{j=0}^{n} X_{i,t-j} + \delta_m \sum_{m=0}^{k} Z_{it} + \varepsilon_{it} \tag{1}$$

其中，$X_{i,t-j}$ 表示政府政策立法强度变量，回归结果中使用 LF 表示；Z_{it} 表示控制变量，包括工业污染治理投资 i 和产业结构 S 两个经济行为变量，也包括环境政策的执行（排污费征收 pw）与监督（与环境相关的信访数量 xf）。此外还利用 DEAP 软件分解出"资本—劳动—能源"三要素条件下全要素生产率中的技术进步（tech）作为控制变量。[②]

鉴于两步估计的权重矩阵依赖于估计参数且标准差存在向下偏倚，这里采用稳健一步差分矩估计（Robust One-Step System GMM）方法，

---

① 秦炳涛、葛力铭：《相对环境规制、高污染产业转移与污染集聚》，《中国人口·资源与环境》2018 年第 12 期。

② 郭庆旺、贾俊雪：《中国全要素生产率的估算：1979—2004》，《经济研究》2005 年第 6 期。

结果见表1第一、第二两列。

表1 实证结果

	（1） 稳健一步差分矩估计	（2） 稳健一步差分矩估计
$H_{i,t-1}$	0.7220*** 0.0343	0.7306** 0.0156
$H_{i,t-2}$	-0.5350*** 0.0248	-0.5439*** 0.0262
$LF_{i,t}$	-0.0009* 0.0005	-0.0010*** 0.0000
$LF_{i,t-1}$	-0.0002 0.0022	— —
S_{it}	-0.0029 0.0100	— —
i_t	0.0035*** 0.0012	0.0041*** 0.0013
i_{t-1}	-0.0070*** 0.0022	-0.0071*** 0.0015
pw_{it}	0.0066*** 0.0013	0.0056** 0.0005
xf_{it}	-0.0114*** 0.0023	-0.0114*** 0.0016
$tech_{it}$	0.2383* 0.1391	0.2517** 0.1280
Arellano-Bond 检验	AR（1）= -1.1726 AR（2）= 0.2410	AR（1）= -1.1026 AR（2）= 0.9970

注：Arellano-Bond 检验的原假设（H0），无自相关；表中所列出的 Arellano-Bond 检验和 Sargan 检验均接受了原假设；*、**、*** 分别表示 90%、95%、99% 的显著性水平；本表根据 Stata15 软件运行结果编制而成。

为了检验模型的稳健性，将全要素生产率、累计工业污染治理投资（利用永续盘存法以10%的折旧率计算得到）占工业增加值的比重、第二产业占 GDP 的比重、前文所提及的以新增数据构建的另一种政策强度指标作为相应变量的替代指标，与此同时还将与环境有关的人大意见和政协提案数量（用 TA_{it} 来表示）作为信访（xf_{it}）的替代指标，结果显示 TA 的回归系数为 -0.0145（统计显著性在90%以上），其他变量的回归系数虽然有所变动，但显著性和正负号均未发生变化。这表明该模型通过了稳健性检验。

2. 有效性解读

由表1可见，滞后1期与当期的环境污染强度指标之间具有显著的正相关关系。这表明环境污染具有一定的连续性和惯性，上一期的污染水平会直接关系到当期的环境质量。然而，滞后2期与当期的环境污染强度具有显著的负相关性，看似与滞后1期的分析相矛盾。但仔细推敲后可发现这完全符合这样一个事实："受中央政府对地方政府的环境考核压力[①]，一个污染水平较高的地区，短期内污染治理可能不会马上奏效，但在更长的时期必须做出改善环境的真实成效。"尤其是空气污染问题，雾霾大小和空气气味是普通老百姓不用先进的仪器就能切实感觉到的。在健康意识日益增强的社会环境下，人们会通过各种方式就环境污染问题向地方政府施加压力要求改进。这样滞后2期的污染强度系数显著为负就可以理解了，说明在当前环境质量欠佳的情况下，无论是迫于上级政府考核压力还是迫于民间的舆论压力，地方政府在未来更长的时间内就这一问题一定会有所改进。

环境立法强度指标（LF）的当期值与环境污染强度有显著的负相关关系，这表明地方政府的立法对本地区改善环境质量具有积极作用。这与"政府政策是中国当前环境质量改善最核心、最强大的推力"这一事实相吻合。为了弄清楚各类政策的不同作用，本文将地方环境立法强度指标中的主题词分解为命令型、经济型和教育与信息型三类，分别引入模型（1），结果发现三类主题词频数均与环境污染强度有高度显著的负相关关系，相关系数从 -0.0474 到 -0.8550，统计显著性均在99.9%以上。这充分肯定了中国自上而下的环境污染治理模式下将环境政策立法作为治理污染的基础性手段的必要性。

信访数量与环境污染强度呈现显著的负相关关系，表明社会公众参与环保监督对提升环境质量发挥了积极作用。这与 Di 和 Wang[②] 对中国

[①] 孙伟增、罗党论、郑思齐、万广华：《环保考核、地方官员晋升与环境治理——基于2004-2009年中国86个重点城市的经验证据》，《清华大学学报》（哲学社会科学版）2014年第4期。

[②] W. Di, H. Wang, "The Determinants of Government Environmental Performance: An Empirical Analysis of Chinese Townships," Policy Research Working Paper, 2010, pp. 704-708.

85个地方城镇的分析所得到的结论"本辖区居民抱怨和上级政府对地方政府环境保护工作的重视程度都会影响地方政府工业污染治理程度"基本一致。由此可见，中国自2006年开始陆续出台和完善《环境影响评价公众参与暂行办法》《关于推进环境保护公众参与的指导意见》《环境保护公众参与办法》等一系列鼓励、培育和引导社会公众参与环保事务的法律法规具有重要的实践意义。另外，当期和滞后1期的工业污染治理投资与环境污染强度之间存在显著的正相关关系和负相关关系，表明t期的工业污染治理投资会在$t+1$期提升环境质量，反映了工业污染治理投资的作用具有一定的"滞后性"。

征收的排污费与环境污染强度之间呈现显著的正相关关系，即排污费收取多与污染强度高并行存在，这表明：当前京津冀三地所设置的排污费费率水平较低，还不足以起到惩戒污染行为的作用。该结论否定了"排污费征收得越多，企业排污成本越高，越倾向于采用清洁技术或者更新排污设备"这一普遍认知。造成这一问题的原因可能是：在现有生产投入情况下，企业采用更加清洁的生产技术和更新排污设备意味着必须将全部或部分固定资产闲置，并追加高额的投资，与其如此不如向政府缴纳排污费更具有经济效益。

此外，产业结构指标没有统计显著性，可能原因是：京津冀三地12个高污染密集度行业的污染强度与其他工业相比并不是很糟糕；每个地区的特定工业行业污染密集度或许不完全一致，按照全国行业的平均污染密集度水平所选取的12个行业不一定对每个地区都适用。而技术进步指标出乎意料地与环境污染强度呈正相关关系，这可能的原因是：当前技术进步并不是偏向节能减排的，抑或说当前技术进步可能是劳动节约型的，需要更高的资本劳动投入比来实现，而产品的资本密集度越高，其生产过程中排放的污染物往往就越多。①

综上，工业污染治理投资的经济行为和地方立法—执法—监督的环境法律体系对于环境质量的提升是有效的。

二 京津冀三地环境协同发展测度

面对日益严峻的环境问题，京津冀三地环境政策立法有助于提升环

---

① 这与洪涛、于明超和江静2011年的研究结论基本一致。

境质量，这一结论好似一盏明灯照亮了政府污染治理的前路。但三地的环境质量是否在同步提高，还是某个地区环境质量快速改善，其他地区环境质量改善却很缓慢，甚至是在恶化？笔者不禁产生这样一种设想，"北京作为首都，属于国家重点保护城市，环境立法政策正在变得日益严厉，因此一些污染严重的行业只能转移到环境立法或执法不严厉的河北地区，这加剧了河北地区的污染程度"。所以，摆在我们面前的问题就是：在环境政策立法、执法以及公众监督方面，京津冀三个地区到底是趋同的，还是相背离的？为此，本文构建单一和综合两个层次的耦合协调度指标对此进行分析。

（一）耦合协调度评价模型

下面根据耦合协调度模型衡量多个系统之间协调发展程度的原理，将北京、天津和河北视为三个不同的系统，首先构建三个地区的耦合度①模型。

假设 x_{it}^j 表示第 i 个指标第 t 年 j 地区的数据，j 分别为北京（bj）、天津（tj）、和河北（hb）三个地区，那么三个地区第 i 个指标第 t 年的耦合度模型如下：

$$O_{it}^3 = \sqrt[3]{\frac{X_{it}^{bj} \times X_{it}^{tj} \times X_{it}^{hb}}{(\frac{X_{it}^{bj} + X_{it}^{tj} + X_{it}^{hb}}{3})^3}} \tag{2}$$

其中，O_{it}^3 为京津冀三地 i 指标的耦合度，X_{it}^{bj}、X_{it}^{tj} 和 X_{it}^{hb} 分别表示京津冀三地第 i 个指标第 t 年的标准化值。标准化过程为：

当原始指标 X_i 为正向指标时，$X_{it}^j = \dfrac{X_{it}^{jj} - \min(X_{it}^{jj})}{\max(X_{it}^{jj}) - \min(X_{it}^{jj})} + 0.01$；

当原始指标 X_i 为负向指标时，$X_{it}^j = \dfrac{\max(X_{it}^{jj}) - X_{it}^{jj}}{\max(X_{it}^{jj}) - \min(X_{it}^{jj})} + 0.01$。

然后，考虑到系统间耦合度较高也可能在系统间各自发展水平都较低时获得，与系统各自发展水平都较高时的高耦合度具有完全不一样的内涵，特引入更加客观的耦合协调度模型，构造如下：

---

① 指标综合程度由低到高依次为耦合度、耦合协调度、综合耦合协调度。

$$D_{it}^3 = \sqrt{O_{it}^3 \times T_t^3} \qquad (3)$$

其中，D_{it}^3 为京津冀三地第 t 年第 i 个指标的耦合协调度，$T_t^3 = \delta_1 X_{it}^{bj} + \delta_2 X_{it}^{tj} + \delta_3 X_{it}^{hb}$，$\delta_1$、$\delta_2$ 和 δ_3 为京津冀三地在指标测算中的地区权重，$\delta \in (0,1)$，$\delta_1 + \delta_2 + \delta_3 = 1$。

如果与 i 指标同属于一个层次的指标共有 N 个，则京津冀三地第 t 年的更上层指标 C_t^3 的综合耦合协调度模型构造如下：

$$C_t^3 = \varphi_1 D_{1t}^3 + \varphi_2 D_{2t}^3 + \cdots + \varphi_N D_{Nt}^3 \qquad (4)$$

其中，$\varphi_1、\varphi_2\cdots\varphi_N$ 为每个耦合协调度指标在综合耦合协调度指标中所占权重，$\varphi \in (0,1)$，$\varphi_1 + \varphi_2 + \cdots + \varphi_N = 1$。

因近年来中央政府加大了对环境污染的宏观管控，所以即便地方政府不想积极作为，也会迫于上级考核压力而在与环境相关的经济活动中呈现一定的协同性。但这并不能反映地方政府和经济主体的环境协同发展状况。为此，基于各层次耦合协调度数值来识别京津冀三地环境相关经济活动的协同程度，标准设定如表2所示。

表2 京津冀三地协同程度评价标准

取值范围	协同程度
[0.9, 1]	高度协同
[0.8, 0.9]	比较协同
[0.65, 0.8]	一般协同
[0.5, 0.65]	不太协同
[0, 0.5]	不协同

（二）指标体系设计与环境质量耦合协调度

1. 指标体系设计

本文依照代表性、层次性和数据的可得性等原则，构建环境质量—环境法律体系—经济行为耦合协调发展指标体系，含8个准则层和10个指标，具体设计如表3所示。

表3 京津冀环境耦合协调发展指标体系

目标层	准则层	指标
环境质量指标 X	废水排放 X_1	工业废水排放量占工业增加值的比重 X_1
	废气排放 X_2	工业二氧化硫排放量占工业增加值的比重 X_{21}
		工业烟（粉）尘排放量占工业增加值的比重 X_{22}
	废固排放 X_3	固体排放物占工业增加值的比重 X_3
环境法律体系指标 Y	立法 Y_1	政府发布的与工业三废有关的政策文本数量 Y_{11}
		政策文本中命令型、经济型和教育与信息型三类主题词词频之和 Y_{12}
	执法 Y_2	政府向企业征收的排污费占工业增加值的比重 Y_2
	监督 Y_3	政府相关部门收到的与环境问题相关的来信和来访数量之和 Y_3
经济行为 Z	产业结构调整 Z_1	12个污染密集度较高行业的总产值占GDP的比重 Z_1
	污染治理力度 Z_2	工业污染治理投资占工业总产值的比重 Z_2

注：指标层 X_{21} 和 X_{22}、Y_{11} 和 Y_{12} 分别利用信息熵的方法确定权重来构建目标层的 X_2 和 Y_1 指标。

2. 环境质量耦合协调度

表4至表6分别给出了"环境质量""环境法律体系""经济行为"耦合协调度。为更加客观地展现三个地区环境质量水平，本文将各地区工业增加值构成比例作为权重，利用耦合协调度模型测算得到环境质量耦合协调度；而其他指标的耦合协调度与工业增加值关系较小，因此将权重设置为1/3，即三地区的权重相等。考虑到新增工业污染治理投资往往属于固定资产投资，因此重新计算了累计工业污染治理投资的耦合协调度，但正是因为累计值具有递增的趋势，耦合协调度计算模型决定了计算得到的协调度会随着累计投资的增加而增加，无法反映三地投资行为真实的协调程度，故将累计和新增两种方式下计算出的耦合度的平均值作为计算耦合协调度的基础。同理，立法的效力也是可以持续的，故也采用了上述方式计算三地立法行为的耦合度和耦合协调度。

表4 京津冀三地环境质量耦合协调度

年份	废气排放		废固排放		废水排放		综合耦合协调度
	耦合度	耦合协调度	耦合度	耦合协调度	耦合度	耦合协调度	
2008	0.45	0.39	1.00	0.96	0.36	0.29	0.54

续表

年份	废气排放		废固排放		废水排放		综合耦合协调度
	耦合度	耦合协调度	耦合度	耦合协调度	耦合度	耦合协调度	
2009	0.82	0.62	1.00	0.94	0.93	0.67	0.74
2010	0.92	0.71	0.98	0.86	0.98	0.81	0.79
2011	0.34	0.35	0.98	0.87	0.98	0.79	0.67
2012	0.76	0.59	0.97	0.84	0.99	0.83	0.75
2013	0.74	0.59	0.97	0.85	0.99	0.83	0.76
2014	0.73	0.58	0.98	0.86	0.99	0.83	0.76
2015	0.87	0.71	0.98	0.85	0.99	0.86	0.81
2016	0.96	0.82	0.95	0.76	1.00	0.94	0.84
2017	0.99	0.90	0.36	0.32	1.00	0.98	0.73

观察表4至表6发现，考虑了三个地区环境质量水平后的工业三废的耦合协调度一般都比耦合度低。这恰恰说明三地的环境质量、经济行为和环境法律体系都仍然处于较低发展水平上的耦合。在环境问题上的协同发展水平还有待提高。

表5 京津冀三地环境法律体系耦合协调度

年份	立法累计		立法新增		执法		监督		综合耦合协调度
	耦合度	耦合协调度	耦合度	耦合协调度	耦合度	耦合协调度	耦合度	耦合协调度	
2008	0.737	0.179	0.577	0.285	0.421	0.347	0.948	0.559	0.379
2009	0.663	0.230	0.484	0.261	0.360	0.318	0.966	0.492	0.352
2010	0.941	0.303	0.596	0.212	0.381	0.348	0.969	0.457	0.354
2011	0.986	0.348	0.719	0.273	0.387	0.362	0.950	0.451	0.375
2012	0.926	0.434	0.471	0.372	0.337	0.363	0.988	0.495	0.420
2013	0.908	0.475	0.812	0.370	0.323	0.350	0.885	0.226	0.333
2014	0.966	0.593	0.984	0.652	0.722	0.522	0.887	0.232	0.459
2015	0.931	0.685	0.779	0.628	0.750	0.564	0.884	0.199	0.473
2016	0.955	0.733	0.813	0.450	0.865	0.677	0.365	0.379	0.549
2017	0.934	0.777	0.675	0.467	0.850	0.770	0.359	0.424	0.605

表6 京津冀三地经济行为耦合协调度

年份	新增工业污染治理投资		累计工业污染治理投资		产业结构		综合耦合协调度
	耦合度	耦合协调度	耦合度	耦合协调度	耦合度	耦合协调度	0.373
2008	0.924	0.453	0.619	0.446	0.329	0.297	0.424
2009	0.808	0.376	0.674	0.476	0.557	0.422	0.382
2010	0.709	0.307	0.686	0.487	0.464	0.366	0.463
2011	0.505	0.324	0.665	0.503	0.735	0.512	0.444
2012	0.724	0.373	0.678	0.523	0.616	0.439	0.520
2013	0.599	0.466	0.668	0.565	0.740	0.524	0.623
2014	0.598	0.615	0.656	0.644	0.857	0.617	0.656
2015	0.781	0.569	0.688	0.692	0.896	0.681	0.642
2016	0.891	0.417	0.725	0.709	0.919	0.722	0.651
2017	0.819	0.454	0.765	0.734	0.923	0.708	0.373

三 结论与探讨

环境污染具有一定的连续性和惯性，滞后一期的污染强度会直接关系到当期的环境质量，但由于中央政府对地方政府环境考核的压力和社会公众的要求，滞后2期与当期的环境污染强度却表现出显著的负相关性。地方政府的立法对本地区改善环境质量具有积极作用，说明中央政府将加强地方政府环境政策立法工作作为治理污染的基础性手段是十分必要的。因此，建议三地政府进一步强化环境保护和治理相关的经济奖惩手段，始终保持地方政府在强制性行政政策制定方面的前瞻性和主动性，积极发挥对公众环保意识的教育引导作用。

社会公众参与环保监督对提升环境质量发挥了积极作用，建议政府机构进一步通过法律法规的方式规范和引导社会在更大程度上理性参与环保事务。与此同时，当期的工业污染治理投资虽然具有时滞性，但在不久的将来确实有助于改善环境质量，而高昂的投资成本压力导致企业更乐于缴纳排污费而不是投资于污染治理技术和设备，因此建议政府继续加大对工业污染治理投资的财税支持，鼓励企业节能技术和设备的革新。而产业结构调整和技术进步对环境质量改善似乎是无效的。

环境质量—环境法律体系—经济行为三个系统的耦合协调度模型研究表明，京津冀三地"工业三废"中废气和废水的耦合协调度高，而环境法律体系和经济行为两个系统的协调度水平较低。环境法律体系和经济行为囊括了关系环境质量的主要影响因素，因此提升环境法律体系和经济行为方面的协调度，有助于推动京津冀三地环境协同发展水平再上一个新台阶，从而形成环境日益改善与经济持续发展的良性循环互动模式。

（责任编辑：孙灵燕）

田间学校网络行动研究与展望*
——基于联合国粮食与农业组织项目的视阈

周士民 于晶利 张瀚艺 常 珊**

摘 要 田间学校网络是联合国粮食与农业组织实施的产业振兴和扶贫项目。该项目融合田间学校现场直接与网络及时快速传递信息的优势,培训产业农民,帮助产业农民融资,指导产业发展,为产业农民提供市场信息,推进乡村产业走向国际市场,成为一、二、三产业融合的新载体。田间学校网络对实现中国乡村产业振兴、质量兴农具有启发意义。

关键词 田间学校网络 乡村振兴 乡村产业

一 中国乡村产业振兴面临的挑战

乡村振兴是农业现代化的必然要求,而产业振兴是乡村振兴的基础,是实现乡村经济高质量发展的保证。中国乡村产业振兴面临诸多挑战。第一,农民培训不能满足乡村产业振兴需要。当前农民文化素质、

---

* 本文为山东省社会科学规划研究项目"沂蒙精神引领的全面建成小康社会研究"(17CYMJ14)、山东省高等学校人文社会科学研究计划项目"精准扶贫背景下有机农业发展研究"(J17RB083)、山东省高等学校人文社会科学研究计划项目"基于包容性发展的农村精准扶贫绩效管理创新机制研究"(J17RB138)成果。

** 周士民(1969~),青岛理工大学基础部副教授,主要研究领域为乡村振兴与精准扶贫。于晶利(1964~),青岛理工大学人文与外国语学院副教授,主要研究领域为社会工作与社区治理。张瀚艺(1980~),青岛理工大学商学院讲师,博士,主要研究领域为农村经济。常珊(1994~),青岛理工大学人文与外国语学院研究生。

专业素养、信息素养不足，技术运用能力、经营能力、管理能力弱，尤其缺乏国际视野和国际经营能力，无法适应现代农业发展。中国培养新型职业农民主要有田间学校和网络培训这两种形式，但网络培训容易与生产脱节，田间学校不能及时获得产业发展新信息，需要融合两者优势。第二，产业农民融资困难。政府投入不足，银行贷款慢、贷款难，发展乡村产业很难及时获得资金。第三，产业信息和市场信息指导没有完全到位。广大产业小农户，尤其是偏远、落后地区的农户对产业信息和市场信息的收集与运用不充分，生产和销售具有很大盲目性，没有完全形成市场导向发展模式。第四，没有形成产业发展合力。政府、大专院校、科研院所、企业提供的政策、技术、人才、资金、信息支持[①]，缺少专门协调机构，没有统一于产业发展进程。第五，中国乡村产业规模经营不充分，产业集团不强。大多数小农户分散经营，没有融合于现代农业中，抗风险能力弱。在国际市场上打得响的产业品牌少，议价话语权弱，在国际农产品市场上的影响力与中国农业大国地位不相称。另外，供给侧要素配置不合理，生产、加工、销售缺少组织性，普遍存在生产难、销售难的状况。

二 田间学校网络行动的探索与实践

2000年，在联合国粮食与农业组织资助下，东非地区一些国家首先建设并开始运用田间学校网络，这是农民、赞助商、培训教师、田间学校工作人员交流和联系的产物。最初毕业学员用网络与田间学校建立持久联系，以便获得生产和技术指导。随着学员增加以及规模化产业发展的需要，正式学员和非正式学员都用网络与田间学校联系起来，并根据成员地域形成稳定的组织形式[②]。随后大量正式组织、非正式组织、非营利机构进入，壮大了田间学校的力量。各田间学校逐层推荐人选组成田间学校网络管理体系，而后建立起正式的领导机构、行动章程和规则、银行账户。田间学校网络逐渐成为产业农民培训和指导产业发展的基地、联系各方力量的纽带、产业发展交流的平台。田间学校网络行动

---

① 袁金辉：《推动多元力量参与乡村振兴》，《中国党政干部论坛》2018年第10期。
② Arnoud Braun, Deborah Duveskog, "The Farmer Field School Approach-History Global Assessment and Success Stories," Rome: International Fund for Agricultural Development, 2008.

在很多发展中国家快速发展,印度尼西亚认为网络运用于田间学校具有里程碑意义。

(一)组织乡村产业知识和技能培训

学员正式在线注册或非正式注册都可以成为田间学校网络成员。围绕"产业是什么,为什么这样做"的相关知识,田间学校根据"由种子到种子,由蛋到蛋"的产业发展周期设置农作物、禽畜、土壤耕作、手工技术等培训课程,内容涵盖一体化病虫害防治、有机产业培育、高品质禽畜饲养、土壤耕作技术、手工艺技术等[①]。以上培训均采用田间学校现场学习和网络指导相结合的形式。学员们依托田间学校已有的作物、禽畜、土壤等进行实地学习,对于生产中遇到的问题也一起讨论解决。后来与产业发展密切相关的知识也逐渐被纳入田间学校培训课程,如基本财务管理、简单信用管理技巧、农业商业化开发等。培训教师由国际培训项目成员担当,也招聘本地人员参与。学员将所学知识在其生活区域内定期举办讲座与周围产业农民进行分享,共同解决当地产业发展实际问题。田间学校与学员间时刻保持网络联系,对于集中反映的问题再次培训,以形成新的培训专题。田间学校与学员间、学员与周围产业农民间因为培训和共同解决问题,融合彼此关系,激发学习热情,增加发展产业的社会资本,推动田间学校网络行动进一步发展。

(二)帮助产业农民融资

学员定期存储、贷款、金融互助是田间学校网络帮助学员融资的主要形式。第一,田间学校网络行动提倡存储优先的原则。为了未来发展,所有学员和企业要定期存储现金或者其他财产。个人非正式存储一般在田间学校网络社区进行,可以存现金,也可以存家畜、农产品以及其他能保值的东西,当然也可以集资、入股。个人正式存储一般到商业银行、信用社开户,也可以投资退休福利计划或者购买企业股票。上述活动必须在田间学校网络指导下进行。集体存储包括成员交替存储,每位学员都要存一个最低数目,直至形成一个很大的总数。累积性存款,

---

① James Okoth, Arnoud Braun, Robert Delve, Habakkuk Khamaala, Godrick Khisa, and Julianus Thomas, "*The Emergence of Farmer Field Schools Networks in Eastern Africa*," Cali: Colombia, 2006.

每次会议后，号召学员捐款，直至形成很大数目，用作集体基金或者发展企业等项目。个人可以直接与工会联系存款和贷款，也可购买股份。第二，银行根据田间学校网络学员记录提供信贷。田间学校网络对学员的记录包括成员间生产、交易、销售记录和以往信贷记录等，银行根据田间学校记录为学员提供贷款，但是时间长、交易成本高；田间学校网络微型银行承担成员间小型借贷任务，方便快捷。第三，金融互助也是获得资金的一种便捷有效的方法。田间学校网络作为中间人与每位学员建立信用关系，资金雄厚的乡村产业农户，可以凭借田间学校建立的信用关系，将资金及时借给所需农户。彼此间资金偿还也在田间学校网络监督下进行，偿还质量作为农户的信用记录。田间学校与产业加工、运输、销售企业建立联系，当农户遇到资金问题时，也能以企业提前支付的方式将资金借给农户。

（三）进行产业指导

发展乡村产业前，田间学校网络组织学员、经销商、企业代表、政府人员开会讨论，确定符合当地市场前景的项目。田间学校批发种子、农药、化肥等生产资料，分发给学员，利用大宗商品批发价格优势降低生产成本。对于产业生产需要的技术，田间学校采用实地指导和网络学习相结合的方式，组织学员进行培训。学员根据田间学校市场信息服务部提供的信息，规划乡村产业规模和结构，使供给侧要素合理配置。在生产过程中，田间学校运用网络将技术服务部门和产业农民紧密联系起来，实时提供技术指导以及生产和管理建议。学员在生产和管理过程中遇到问题，运用网络向田间学校集中反映，田间学校召开专门会议，协调各技术服务部门帮助解决。普遍问题则采用网络指导和骨干学员给予周围产业农民现场帮助的形式集中解决，同时带动新技术推广和应用。政府服务部门和技术部门运用网络实时回答产业发展中的问题，协调相关部门予以解决。成员间利用网络相互分享产业信息、产业技术、产业管理经验、新产业思想，相互学习、共同提高，同时接受来自社会网络的产业知识、经验、建议。学员之间、学员与田间学校之间、学员与社会组织之间建立起密切的网络联系。政府乡村产业政策的制定和改进，也常以田间学校网络的调查为依据。田间学校网络指导和监控体系收集和发布的数据，往往是产业农民制订生产计划的依据。田间学校网络组织成员一起进行大宗商品交易，容易提升议价话语权，减少交易成本，打破或削弱中间商操纵，保障产业农民的最大利益。在田间学校网络指导下，产业小农户与产业大户在产业链中共同发展，逐步形成产业集团。

（四）组建统一市场，充分运用市场信息

拥有市场知识和技能是学员获得最大利益的关键因素，也是众多小农户融合于产业化的必然要求。为推动农业产业化和商品化，产业农民必须学习市场基本知识，掌握适应市场的基本技能。该部分培训和指导主要通过田间学校网络进行。田间学校网络引导各方力量开发统一市场，组建市场信息服务部，定期对市场进行调查研究，帮助学员收集和分析市场信息，以改进产业品种和规模，促进乡村产业商品化。

1. 组建统一市场

统一市场是产业规模化经营的产物，学员同步生产实现产品多样化，共同分类评级提高产品质量。田间学校网络成立专门市场委员会负责收集市场信息，进行市场调查，了解田间学校学员产品，协助市场交易，促进贸易和收入公平。田间学校技术服务人员定期召开会议，让学员学习共同市场知识，熟悉共同市场特点。

田间学校网络成员必须学会在统一市场中交易，参与分类、分级、大宗商品批发，逐步尝试构建更复杂的共同市场。田间学校网络引导学员先从玉米、豌豆等常见的产品入手，达成构建统一市场一致意见，然后确定每位学员生产数量，组建中心仓库，严把产品质量关，最终入库。田间学校网络成立专门管理委员会，指导学员相互协作成为一个互助组，各自分工，负责产品运输、分类和评级等，确保产品妥善生产与存储安全。田间学校网络确定潜在购买者后谈判价格，在各行业学员见证下，指导统一市场产品交易。交易达成后，田间学校网络及时计算交易成本，包括运输费用、分级费用、存贮费用、市场费用、产品许可证费用等，得出每位学员平均收益，便于以后不断改进。交易成功后，田间学校网络还要开会总结经验，反思交易过程中遇到的困难及补救措施等。如果没有达成交易，田间学校网络则开会寻找存在的问题，如合适的买家没有找到、给出的价格低于谈判价格、储藏中产品受损等，并向成员重新承诺，筹划下一次交易。当统一市场运作良好后，田间学校网

络再考虑扩大产品规模,增加产品种类,寻找新的市场出路,如大宗批发、开展产品深加工和包装等增值业务。

2. 收集和运用市场信息

"按照商业模式经营农业"是田间学校网络指导乡村产业发展的基本思想,因此要充分收集和运用市场信息,确定生产什么以及如何生产,以满足顾客需求。

所需市场信息包括市场需要什么产品、谁是潜在的顾客、商品数量和质量需求、最大需求量是多少、提出的价格是多少、竞争者及其市场策略,以及当地气候条件和市场机遇等。田间学校网络成员必须及时准确掌握市场信息,建立自己的市场信息服务部。

田间学校网络市场信息服务部负责全面收集、研究、发布市场信息。定期收集的信息包括乡村集市、批发市场、零售市场的物价信息,交易的产品大致数量,等等。田间学校网络市场信息服务部收集整理后,及时通过网络或其他媒体向产业农民、商人、政府官员、决策者、消费者等发布。产业农民、商人、消费者根据田间学校网络市场信息服务部提供的信息改进自己的生产、销售、消费行为,确保各自利益最大化,政府政策规划和决策者根据所提供的信息及时修正相关政策。因此提供的信息要符合各方需求,必须准确可靠,必须易于各方理解和接受。收集和发布信息必须迅速,而且信息必须免费获得或者收集费用很低才符合田间学校网络信息服务的初衷。

田间学校网络市场信息服务部主要做如下工作:信息收集和传输→信息加工→信息分析→信息发布。对学员和商业人员进行访谈,是收集市场信息、寻找乡村产业发展存在问题的基本方法。除了运用网络发布信息,田间学校网络市场信息服务部还可以用报纸、广播、电视台、各类讲座报告等形式进行发布,以此引导产业农民、商人、消费者按照市场信息进行生产、销售、消费,同时为政府官员和决策者制定产业政策、推进乡村产业供给侧要素合理配置提供基础。

三 田间学校网络行动的成效与不足

在联合国粮食与农业组织支持下,田间学校网络在非洲取得了巨大成功。田间学校网络将小农户有效组织起来发展乡村产业,在人员素质不高、社会条件极其薄弱的情况下，提高了农民收入，改善了农民生存条件，使其生产技能、管理技能得到很大提高，并将产品成功推向国际市场。但是该项目毕竟在不发达国家进行，受到社会发展水平的限制，在指导乡村产业发展过程中没有充分发挥其优势，还存在诸多不足。

（一）发展成效

田间学校网络为乡村产业发展提供了新动能，推动了当地经济发展，在非洲、亚洲等地快速推广。其发展成效体现在以下三个方面。

第一，拓展了学员受教育范围。田间学校网络融合田间学校实地培训和网络学习的优点，使更多产业农民受益。以国际农业发展基金组织实施的"将当地学习者联系起来"项目为例，田间学校距离近的学员组建学习小组，既可以面对面学习，也可以相互进行网络指导和分享经验，还可以彼此动手示范。在生产中遇到问题，成员间也可用邮件等形式相互横向学习，平等交换产业经验。这种方式可使小组内成员产业知识和技能得到快速增加和提高，同时带动周围更多产业农民从中受益。

第二，帮助学员打破市场壁垒，提高收益。田间学校网络提前规划乡村产业规模和结构，并将学员组织成集体共同进入市场与买方进行谈判。例如乌干达田间学校网络与世界粮食计划署直接谈判，帮助学员一起出售玉米，还在市场链搭建平台，促进学员和购买方直接对话；东非一些城镇的田间学校网络在国际资助下与学员建立持久的粮食加工和仓储体系，解决农产品难卖问题；肯尼亚田间学校网络指导和培训产业农民通过农业研究协会认证，将甜土豆脱水后通过国家农业交易市场直接卖到一些大城市，提高农民收入。

第三，充分运用市场信息确保产业可持续发展。发展产业前，学员根据市场信息确定何种产业，需多少成本、多大规模才能获得最大利益，进行前期规划。销售过程中，学员根据市场信息，确定市场价格和运输成本，保证获得最大利益。交易完成后，田间学校网络组织成员开会总结，根据国内外市场信息分析价格走势，确定未来产业规划。对商人而言，他们则可根据市场信息，分析购买的种类和购买的时机，确定销售地点和运输成本以获得最大化利润。对于消费者来说，产品种类、质量、价格是消费的决定因素，市场信息可帮助他们买到满意的商品。对政策制定者和政府官员而言，准确的市场信息可使他们确定市场是否平稳,能否提高产业农民收入。在分析市场运行趋势和市场利润的基础上,政府及时调整市场和产业政策,如减免税、增加市场基础设施、拓展市场渠道,甚至改进市场信息服务体系等,以保证乡村产业的可持续性。

(二)存在的不足

田间学校网络是联合国粮食与农业组织在东非地区一些国家开展的项目,目的是发展市场导向的工业化农业。由于项目人员有限,且受当地条件限制,必然存在很多不足。

第一,没有建立政府、农业技术部门、大专院校、研究所、企业、产业农民等参与的多元协同机制。田间学校培训和指导人员主要是项目组成员和招聘的部分当地民间人员,政府仅有少部分人员参与,政府支持力度明显不够。田间学校网络行动实施的小组互助学习法与农民专家培训没有很好地衔接,对周围产业农民带动作用不够突出,外聘人员经验与乡村产业发展实际脱节影响指导效果。产业指导过程中没有充分发挥农业技术部门和科研院所作用,导致新技术、新品种、新项目难以及时推广和检验。政府对产业规划、可行性分析、市场预测、订单农业等研究不充分,导致产业国际化竞争力不强。

第二,培训和指导内容项目少,大多局限于产业技术和管理[①]。项目推行的目的是培育市场化导向、企业化运行的发展模式,因此产业农民需要具备金融管理能力、市场营销能力、领导管理技巧、银行存储与信贷能力。田间学校网络缺乏这些方面的培训和指导,导致产业农民能力有所欠缺。田间学校网络对乡村商业、建筑业、旅游业、运输业、文化产业、新兴产业的培训和指导重视不够,导致乡村产业项目单一,农民增收渠道不多。此外,培训与指导内容往往是量身定制,以解决产业发展实际问题为主,缺乏长远与战略眼光。

第三,信息基础设施差,参与培训学员文化和综合素质差,远没有发挥出田间学校网络指导产业发展的优势。联合国粮食与农业组织最初在乌干达、塞拉利昂、坦桑尼亚运用和推广田间学校网络,目标是扶贫。这些国家信息基础设施落后,网络普及率低,影响了项目推广效

---

① 朱启臻:《关于乡村产业兴旺问题的探讨》,《行政管理改革》2018年第8期。

果。部分参与成员不具备基本的农业操作技术，一些人甚至没有任何文化基础，更不掌握任何信息技术，因此田间学校网络指导乡村产业难度很大。联合国粮食与农业组织在非洲运用田间学校网络多以知识和技术传授为主，开发和创新能力不足，很难快速适应国际市场新变化。

四 田间学校网络行动在中国的基础

中国具备发展田间学校网络的合适土壤。第一，中国十分重视乡村振兴。习近平总书记强调把乡村振兴放在优先位置，《乡村振兴战略规划（2018－2022年）》和2019年中央一号文件提出要壮大乡村产业，实施数字乡村战略，为田间学校网络运用提供了广阔空间。第二，中国田间学校建设已经有一定规模。截至2018年，中国已建成田间学校15185个。北京、河南、甘肃、山东等地出台了行之有效的田间学校建设标准和管理制度。有些地方尝试将田间学校培训和互联网培训结合起来，如河南采用"田间学校＋农广通"的形式，为田间学校网络在中国的发展积累了部分经验。第三，中国农村信息技术设施日益完善，农村手机数量也有很大的增长。随着数字乡村战略的实施，农民在家可以用电脑、手机接收乡村产业信息。正在实施的"宽带中国"战略提出，2020年宽带网络将基本覆盖所有农村。第四，中国农民文化素养和信息素养逐渐提高。中国第三次人口普查显示，2016年，初中以上文化程度的农业生产经营人员最多，占农业生产经营人员总数的比重为55.7%。在规模农业经营户中，受教育程度初中及以上的农业生产经营人员比重为65.8%。中国农民文化程度已经大幅提高。截至2018年6月，中国农村网民占比为26.3%，规模为2.11亿，农村地区互联网普及率为36.5%，农民信息素养逐步提高。这为将来建设田间学校网络以指导产业发展奠定了良好基础。第五，中国乡村产业振兴发展的起点比联合国粮食与农业组织推广田间学网络的区域高，部分产业技术和管理水平已经在世界领先，有些产业已经占据国际市场一定份额。

五 有关田间学校网络行动的结论与展望

田间学校网络培训乡村产业所需人才并全方位提供技术和管理支

持,拓宽融资渠道和融资方式,提供产业指导和市场信息服务,实现一、二、三产业融合,将家庭经营、集体经营、合作经营、企业经营联合起来形成产业集团,重视产业要素分配,提升发展质量,以此实现当地乡村产业振兴,为当地经济注入新动力。虽然田间学校网络产生于21世纪初,运用中难免有些不足,但对中国乡村产业振兴仍有启发意义。我们可以借鉴田间学校网络经验,利用中国制度优势,形成社会发展合力,使其成为乡村产业振兴的有效策略之一。

(一)创新和发展田间学校网络

依托田间学校全面建设田间学校网络,使其成为乡村产业振兴的基本手段。以政府为主导,吸引社会资本参与完善田间学校网络基础设施。由各田间学校逐级推荐管理人员,招聘工作人员,运用网络注册新学员,促使毕业学员与田间学校全部建立联系,选择骨干学员与周围产业人员结成学习小组;制定田间学校网络规章制度、行动章程、管理细则,建立银行账户。田间学校要与市县主管部门、大专院校、科研院所、各类培训机构、产业合作组织、产业学员实现网络全覆盖,形成人才培训与产业指导一体化合力;要完善人才培训课程和产业指导内容,优化教学和学习资源,制定培训和指导规划,健全管理体系,满足乡村振兴多元化和个性化人才需求。田间学校网络培训和产业指导内容要与区域经济规划、乡村产业发展阶段相适应,符合国际化产业发展要求和当地产业发展实际,发挥自身在信息、技术、人才方面的优势,成为乡村人才培训和产业指导中心。

(二)形成一主多元协同机制

建立以田间学校网络为主体,政府组织引导,多元主体广泛参与的协同机制。田间学校网络是产业农民培训和指导的主体,根据各地乡村产业发展和社会需求,自主设计培训课程和指导内容,自主聘请专业教师、辅导员,自主对学员进行培训、管理、考核,自主为乡村产业提供技术服务、管理指导、资金支持。田间学校网络联系企业对产品进行收购、运输、加工,将产品推向国际市场。田间学校网络组织共同批发和交易,为产业农民节省成本,指导产业农民议价帮助其获得最大效益。政府是田间学校网络的设计者和建设者,是各方关系协调者,是其发展状况评估者。政府组织并引导民间力量参与田间学校网络建设，帮助设计和制定产业发展规划。政府运用网络与学员双向互动，及时了解产业发展中的问题并予以解决。乡村产业政策调研和修订也由学员在网上进行。大专院校、科研院所、农技服务站、产业合作组织是重要参与者，负责提供信息、技术、经验、资源、资金。学员负责乡村产业中的生产、管理、销售，实现家庭经营、集体经营、合作经营、企业经营一体化共同发展，逐渐形成区域化、规模化产业集团。

（三）指导乡村产业发展，实现质量兴农

把田间学校网络作为乡村产业振兴的基本手段，推进质量兴农。第一，将产业和技术人员、乡村旅游人员、乡村商业人员、非遗传承人、新兴产业人员联系起来分类培训，鼓励自我学习和分享经验，加快形成一支知识型、技能型、创新型乡村产业经营队伍。第二，增加政府投入、普惠金融、银行专项贷款力度，重视金融互助，发挥田间学校网络内部银行作用，帮助产业农民多方筹资。第三，指导乡村产业发展。以绿色化、优质化、特色化、品牌化乡村产业为主，形成特色农产品优势区域。发展产业前，以田间学校网络数据为基础召开会议，确定产业规模和结构，保证供给侧要素分配合理。将生产、管理、加工、销售、服务统一起来，动态把握和指导乡村产业发展，适时给予资金、技术、人员支持，以一、二、三产业融合提升价值链，实现供销稳定衔接，保证乡村产业可持续发展。带动乡村工业、商业、建筑业、运输业、旅游业、新兴产业发展，推动乡村产业多样化，促进产业结构全面优化，拓宽农民增收渠道。第四，重视市场信息运用。组建田间学校网络市场信息服务部，负责国内外乡村产业市场信息收集、分析、发布，与政府、电台、报纸等加强合作，提高收集和分析预测信息的准确性，以此指导产业供给要素分配、产品销售和消费。第五，指导建立产业合作社，通过产业集团或龙头企业带动小农户融入现代农业发展轨道，提高小农户组织化程度，打造产业品牌，推动区域经济发展。组织乡村产业进入国际市场，争取参与国际产业规则制定，增强议价话语权，推动乡村产业参与国际竞争，形成乡村开放格局。

（责任编辑：樊祥成）

英文摘要和关键词

The Current Situation and Influencing Factors of the Transfer of the Rural Land Contractual Management Rights in Shandong Province

Li Zhongqiang, Tang Guohua, Zhang Ke

Abstract: Through field investigation and sampling survey, this paper analyzes the transfer of rural land contractual management rights and its influencing factors in Shandong Province. It is found that Shandong Province has accumulated some good experiences and practices in promoting the transfer of rural land contractual management rights, but the transfer rate of rural land contractual management rights is still not high, which does not match the level of large agricultural planting province and strong agricultural industrialization province. The transfer level of the contractual management rights in Shandong Province is limited by the factors of farming culture, insufficient service force, imperfect market transaction mechanism, insufficient mortgage financing ability and low level of rural social security. According to the investigation, this paper puts forward some policy suggestions to further promote the transfer of rural land contractual management rights in Shandong Province.

Keywords: Shandong Province; Scale Management of Land; Transfer of Rural Land Contractual Management Rights

Report on the Development of High-quality Agricultural Products in Shandong Province

Research Group of Shandong Survey Team of National Bureau of Statistics

Abstract: Revitalizing agriculture by quality is the only way to develop modern agriculture. This paper analyzes the significance of the development of high-quality agricultural products in Shandong Province, and summarizes four main modes in the practice of developing high-quality agricultural products in Shandong Province: driven by leading enterprise, led by government, cooperative operation and individual leading. It is believed that small industries can also achieve great development with the drive of leading enterprises and the active actions of the government on the way to develop high-quality agricultural products; Based on the SWOT analysis of the development of high-quality agricultural products in Shandong Province, this paper proposes that it should promote the development of high-quality agricultural products in Shandong Province from the aspects of service, financing, brand and industrial integration.

Keywords: High-quality Agricultural Products; SWOT Analysis; Developing Agriculture by Quality

Heterogeneous Consumption, Producer Incentives and Traceable Agricultural Product Markets
—Micro-personal Data of Shandong Based on Information Asymmetry

Ding Jiaqi, Qi Jinghua, Wang Chaowei, Zhuang Chen

Abstract: Through field surveys and interviews, the data related to traceable agricultural products were collected, and the moral hazard existed in the market was comprehensively considered to analyze the choices of heterogeneous consumers in the information asymmetric consumption market environment. Drawing on Holmstrom and Milgrom's principal-agent theory to construct an incentive relationship between traceable agricultural product production and consumption, the use of statistical software such as Stata to complete consumers' in-depth analysis of traceable agricultural product consumption levels, and further provide new empirical evidence and countermeasures in the aspects of traceability system construction, increased publicity, and standardized supervision and management.

Keywords: Traceable Agricultural Products; Information Asymmetry; Moral Hazard; Heterogeneous Needs

How to Leave High-quality Farmers in Rural Areas: Analysis Based on Push-pull Theory

Sun Xuetao

Abstract: Agricultural talents are the most important resource for rural revitalization, and high-quality farmers are the foundation of agricultural talents. This paper is based on push-pull theory, and the case analysis method, this paper analyses the reasons why peasants go to work in cities and how to keep peasants in the countryside by using the case of Xuecun in the old revolutionary area. Research findings: Farmers entering the city for work are the inevitable result of economic and social development; some peasants go to work in cities to increase their income, and some peasants go to work in cities to get better education for their children and the inertia of migrant workers. Finally, in order to form a high-quality peasant who understands agriculture and loves the countryside, this paper proposes five policy recommendations for keeping high-quality peasants in agriculture from the perspective of changing the form of government agricultural support and developing agriculture-related industries.

Keywords: High Quality Farmer; Push and Pull Theory; Case Analysis Method

The Influence Factors of the Moral Hazard in Pesticide Use: Based on the Implementation Perspective of Pesticide Safety Interval of Vegetable Farmers

Jiang Jian, Wang Xulong

Abstract: Based on the survey data of 396 vegetable farmers in Liaoning province, this paper empirically analyzes the factors affecting the occurrence of moral hazard in the process of pesticide use by vegetable farmers. The empirical results show that the main factors affecting the moral hazard of vegetable farmers are price factor, neighborhood effect, cooperative organization, pre-sales testing, publicity and training. Based on this, this paper thinks that relevant government management departments should play corresponding management functions, improve the degree of organization, play the role of organization to improve the vegetable market system.

Keywords: Vegetable Farmers; Moral Hazard; Security Interval

Endowment Effect and Psychological Premium of Land Right Collection: Mechanism Analysis, data inspection and governance path

Chu Hong, Li Jialing, Wu Xinmei

Abstract: The land issue is the core of the issues concerning agriculture, countryside and farmers, and the land acquisition system has always been a hot issue in rural land research. Aiming at the land psychological premium caused by the endowment effect, this paper uses the basic theory of experimental economics to analyze the influence of the endowment effect on the collection of farmland property rights through real data obtained in S County of Shandong Province. The results show that, in line with the endowment effect theory, the residence time has a significant positive effect on the psychological price of housing sales. In order to confirm and promote the conclusions drawn from the survey data, we further conducted a robustness analysis using data from the "Chinese General Social Survey (2006)" and reached the same conclusions. Based on the above conclusions, we refer to the experience in the field management of S County, and put forward suggestions and solutions for land acquisition.

Keywords: Land Acquisition; Endowment Effect; Psychological Premium

Does the Trade Barrier of Telecommunication Service Restrain the Export of High-tech Products?

Wang Weiwei, Chen Jia

Abstract: With the development of information and communication technology, telecommunication service industry as the link of information and communication industry, its development will affect its downstream manufacturing industry through industrial association, but in order to prevent information leakage and other countries in the world will set up regulatory measures to form the corresponding invisible service trade barriers in the telecommunication industry. In this case, barriers to trade in telecommunications services will have an impact on the export of high-tech products. Through empirical analysis, this paper explores the impact of trade barriers in telecommunications services on the export of high-tech products and its impact mechanism. The results show that, as a whole, the barriers to trade in telecommunications services inhibit the export of high-tech products. From the impact path The existence of barriers to trade in telecommunications services will affect the efficiency of innovation, the level of service opening and human capital, and then the export of high-tech products. According to the threshold effect model, there are some structural changes on the negative effect between the barriers to trade in telecommunications services and the export of high-tech products.

Keywords: Telecommunications Services; Trade Barriers; High-Tech Products

The Research on China's Influence Factors on OFDI of the China-Indochina Economic Corridor

Wang Linhua, Yang Yonghua

Abstract: The proposal and construction of China's "the Belt and Road" initiative is of great significance for deepening China's economic and trade cooperation with countries along "the Belt and Road" and realizing the common development of China along with "the Belt and Road" countries. The proposal and implementation of "the Belt and Road" Initiative has created a stable investment environment for China's direct investment in China-Indochina countries and is conducive to promoting economic and trade exchanges between China and neighboring countries. This paper analyzes China's direct investment in the Indo-China Peninsula countries from 2003 to 2016 and summarizes China's characteristics of direct investment in the Indo-China Peninsula countries. Through the construction of the econometric model, the factors affecting China's direct investment in the Indo-China peninsula are analyzed, including the technical level of the home country, the technical level of the host country, the size of the host country market, the market opportunity of the host country and the attractiveness of the host country market.

Keywords: Foreign Direct Investment; China-Indochina Peninsula Economic Corridor; "the Belt and Road" Initiative

Development Trend and Prospect of Shandong Foreign Trade Based on "the Belt and Road" Initiative

Li Xiaopeng

Abstract: Since China put forward "the Belt and Road" initiative, the scale of Shandong's trade with countries along "the Belt and Road" has generally expanded rapidly, the location structure and product structure of the trade have been continuously optimized, the growth of trade with Russia, the development of cross-border e-commerce, the export of high value-added mechanical and electrical products, and the role of the main force of private enterprises are becoming new highlights. However, the trade cooperation between Shandong and the countries along "the Belt and Road" is also facing challenges such as large differences in political, economic and cultural aspects, increased security risks, and rising trade protectionism. Looking to the future, Shandong still has good prospects for cooperation with countries along "the Belt and Road". The trade dispute settlement mechanism will be gradually improved, trade cooperation methods will tend to diversify, service trade cooperation is developing in a comprehensive and high-level direction, and investment and cross-border e-commerce will play a more significant role in promoting future trade cooperation.

Keywords: "the Belt and Road" Initiative; Shandong Foreign Trade; International Trade Cooperation

Study on China's Marine Cultural Tourism Development by Drawing on International Experience

Sun Jiting

Abstract: This paper discusses the marine cultural tourism industry development in China faces the opportunity: Firstly, the tourism industry becomes into strategic pillar industry of national economy. Secondly, the construction of a well-off society in an all-round way for the further development of marine cultural tourism industry in our country provides a solid foundation. Thirdly, the implementation of the five development concept for the further development of marine cultural tourism industry pointed out the direction. Fourthly, a series of development planning and the laws and regulations and policy has been released. Fifthly, the development trend of world tourism also promotes the development of China's marine cultural tourism industry. Then the paper analyzes the existing constraints. There are some areas lacking overall planning and some development modes appear single, etc. Then it introduces the development situation and characteristics of Australia's cultural tourism industry, which mainly includes holding a series of tourism exhibitions, holding sports events and making consumer demand plans. Finally, it puts forward the development countermeasures of China's Marine cultural tourism.

Keywords: Marine Tourism; Cultural Tourism; Happiness Industry; Australian Tourism Exchange; Smokeless Industry

RMFEP Analysis and Countermeasures of Wellness Tourism Development in Shandong

Dong Zhenghui

Abstract: With the continuous improvement of people's living standard, the concept of leisure and health care is gradually accepted by the broad masses of the people, and the wellness tourism has begun to emerge, becoming a branch of China's tourism and a new form of business. This paper, firstly, discusses the research status quo about the two aspects of the wellness tourism concept and wellness tourism resource classification. On this basis, then it discusses wellness tourism resources, market, function, experience and product. Finally, it puts forward the development countermeasures of wellness tourism: the one is the correct realizing and emphasizing the importance of the wellness tourism industry, the second is to carry out the wellness tourism market investigation, the third is to devise and build wellness tourism projects, the four is to train the wellness tourism talents, the five is to protect the ecological environment, the six is to do a good job about medical security work in wellness tourism.

Keywords: Wellness Tourism; Healthtips Tourism; Medical Tourism; Forest Resources; Marine Resources

Effectiveness and Coordination of Local Environmental Policies in Beijing-Tianjin-Hebei Region

Liu Ye, Li Suyue

Abstract: This study uses the policy text quantitative analysis to construct the environmental policy intensity index using the number of articles and the frequencies of theme words. Meanwhile, the comprehensive index of environmental pollution is constructed by the method of information entropy. Furthermore, the environmental policy performance and supervision indicators and related economic activities indicators are introduced. Based on these, taking the range from 2008 to 2017 as the sample period, a dynamic panel model is established to estimate the effectiveness of environmental policy and related economic activities in Beijing-Tianjin-Hebei region. The coupling coordination degree model is used to analyze coordinated development level between "environmental quality-environment law-economic activities" systems. Based on this analysis, the study proposes that Beijing, Tianjin and Hebei should further enhance their joint actions in environment laws and economic activities.

Keywords: Joint Management of Ecological Environment; Environmental Quality; Policy Text Quantitative Analysis; Intermediary Effect

Research on Action of Farmer Field School Networks and Its Prospect: Based on the View of FAO Project

Zhou Shimin, Yu Jingli, Zhang Hanyi, Chang Shan

Abstract: Farmer Field School Networks is an industrial revitalization and poverty alleviation project implemented by FAO, which combines two advantages—one is studying on-the-spot, the other is delivering information timely. This project implements to train industrial farmers and help them access to financing, which also guilds rural industry development and provide market information for industrial farmers. This project will become a new carrier for the integration of primary, secondary and tertiary industries. Farmer Field School Networks can enlighten the revitalization of Chinese rural industry and quality improvement of agricultural products.

Keywords: Farmer Field School Networks; Rural Revitalization; Rural Industry

《经济动态与评论》征稿启事

《经济动态与评论》是山东社会科学院2016年创办的学术集刊，本集刊致力于打造一个严谨、规范的学术交流平台，主要刊载经济研究领域内的最新论文、译文、综述、书评等，于每年的4月和10月由社会科学文献出版社出版。

欢迎高校及科研机构的学者、政府部门与企事业单位的相关工作人员，以及对经济研究感兴趣的其他人员赐稿。来稿要求：

1. 文章应该思想健康、主题明确、立论新颖、论述清晰、体例规范、富有创新，字数为0.8万~1.5万字。中文摘要200字左右，关键词3~6个，正文标题序号按照以下四级标题写作，即："一""（一）""1.""（1）"，并在参考文献之后附英文的题目、作者姓名、摘要和关键词。

2. 提倡严谨治学，保证论文主要观点和内容的独创性。引用他人研究成果务必标明出处，并附参考文献。注释和参考文献采用页下注形式，编号格式为带有圆圈的序号（①、②……），每页重新编号，编号放在标点前。图、表注明数据来源，不存在侵犯他人著作权等知识产权的行为。论文查重比例不得超过10%。因抄袭等原因引发的知识产权纠纷，作者将负全责，编辑部保留追究作者责任的权利。一经发现此类情况，本集刊不再予以刊登该作者的文章。

3. 来稿应采用规范的学术语言，避免使用陈旧、过时、文件式和口语化的表述。

4. 来稿本着文责自负的原则，作者切勿一稿多投。

5. 本集刊持有对稿件的删改权，不同意删改请附声明。本集刊所发表的所有文章都将被中国知网收录，如有异议，请来稿时说明。因人力有限，恕不退稿。自收稿之日2个月内，未收到用稿通知，作者可自行处理。

6. 本集刊采用匿名审稿制。所寄稿件的正文不要出现作者信息。作者于正文之后另起一页分别提供"基金项目"（可空缺）和"作者简介"，"作者简介"按姓名、出生年份、工作单位、行政和专业技术职务、主要研究领域顺序写作。并另附通信地址、联系电话、电子邮箱等。

7. 来稿请采用WORD文档格式发送至编辑部邮箱：jjdtypl@163.com。

《经济动态与评论》编辑部

图书在版编目(CIP)数据

经济动态与评论.第9辑/张清津主编. -- 北京：
社会科学文献出版社，2021.1
ISBN 978-7-5201-7777-1

Ⅰ.①经… Ⅱ.①张… Ⅲ.①经济学-文集 Ⅳ.
①F0-53

中国版本图书馆CIP数据核字(2021)第016514号

经济动态与评论（第9辑）

主　　编 / 张清津

出 版 人 / 王利民
组稿编辑 / 宋月华
责任编辑 / 韩莹莹

出　　版 / 社会科学文献出版社·人文分社（010）59367215
　　　　　 地址：北京市北三环中路甲29号院华龙大厦　邮编：100029
　　　　　 网址：www.ssap.com.cn
发　　行 / 市场营销中心（010）59367081　59367083
印　　装 / 三河市龙林印务有限公司

规　　格 / 开本：787mm×1092mm　1/16
　　　　　 印　张：13.75　字　数：225千字
版　　次 / 2021年1月第1版　2021年1月第1次印刷
书　　号 / ISBN 978-7-5201-7777-1
定　　价 / 98.00元

本书如有印装质量问题，请与读者服务中心（010-59367028）联系

▲ 版权所有 翻印必究